Coleção
Emilio Salgari

1. SANDOKAN
2. A MULHER DO PIRATA
3. OS ESTRANGULADORES
4. OS DOIS RIVAIS
5. OS TIGRES DA MALÁSIA

A MULHER
DO PIRATA

Coleção
Emilio Salgari

Vol. 2

Tradução e Revisão
Ana Andrade

VILLA RICA EDITORAS
Belo Horizonte
Rua São Geraldo, 53 - Floresta - CEP 30150-070 - Tel.: (31) 3212-4600
www.villarica.com.br — e-mail.vilaricaeditora@uol.com.br

Emilio Salgari

A MULHER
DO PIRATA

VILLA RICA
Belo Horizonte

FICHA CATALOGRÁFICA

S164m. Pm	Salgari, Emilio A mulher do pirata / Emilio Salgari ; tradução Ana Andrade. — Belo Horizonte : Villa Rica, 2010. 188 p. — (Obras Emilio Salgari, 2). Título original: La mujer del pirata. ISBN: 978-85-7344-529-7 1. Literatura italiana. I. Andrade, Ana. II. Título original: La mujer del pirata. III. Título. IV. Série. CDU 821.131.1

2010

Direitos de Propriedade Literária adquiridos pela
VILLA RICA EDITORAS REUNIDAS LTDA
Belo Horizonte

Impresso no Brasil
Printed in Brazil

ÍNDICE

O Encontro Noturno 9
Os Piratas em uma Estufa 21
O Fantasma de Jaqueta Vermelha 34
Através da Selva 42
O Ataque da Pantera 54
O Prisioneiro 68
Yáñez na Quinta 77
A Emboscada 86
A Mulher do "Tigre" 102
Em Mompracem 115
A Rainha de Mompracem 123
O Bombardeio de Mompracem 129
No Mar 135
Os Prisioneiros 145
A Fuga 156
Yáñez 162
A Última Luta do "Tigre" 176

7

I
O Encontro Noturno

A noite era tormentosa. O vendaval ainda não havia se acalmado completamente. O vento rugia e ululava de mil maneiras distintas, fazendo voar pelo ar grande quantidade de folhas, arrancando galhos e revirando árvores mais jovens. De vez em quando as densas trevas eram rasgadas por um relâmpago, e os raios caíam, ferindo e incendiando as plantas mais altas da selva.

A noite era favorável para um audaz golpe à quinta. Mas, infelizmente, os homens dos paraus não se encontravam ali para apoiar Sandokan nesta arriscada empresa.

No entanto, os dois piratas não se detinham, apesar do furacão não arrefecer. Orientando-se pela luz dos relâmpagos, buscavam o rio, com o intuito de ver se os paraus haviam se refugiado na baía.

Sem levar em conta a água que caía torrencialmente, mas protegendo-se dos galhos que o vento arrancava das árvores, chegaram, quase por acaso, perto da desembocadura do rio, ou seja: para voltarem à quinta, iriam necessitar do dobro do tempo.

— Apesar das trevas, nos guiamos melhor do que se estivéssemos de dia — disse Yáñez.

— Com esta noite de cão, isto foi realmente uma sorte — respondeu Sandokan.

9

Ele então desceu até a margem e, aproveitando a luz de um relâmpago, lançou um olhar por toda a baía.

— Não tem ninguém! — disse com voz surda. — Terá acontecido algum contratempo com os meus barcos?

— O mais provável é que não tenham saído de onde se encontram protegidos — respondeu Yáñez. — São muito prudentes e devem ter pressentido a ameaça deste novo furacão. Você sabe bem que aqui não é muito fácil de atracar quando as ondas e ventos se enfurecem.

— Estou com mau pressentimento, Yáñez.

— O que foi?

— Acho que naufragaram!

— Ora! Não se preocupe! Nossos barcos são muito resistentes! Verá como chegarão dentro de poucos dias.

— Mas não foi aqui que combinamos de nos encontrar?

— Sim. E não tenho dúvidas de que eles virão. Mas agora, vamos procurar um refúgio, pois este furacão não parece que vai amainar logo, e está chovendo torrencialmente!

— E aonde iremos nos enfiar? A cabana que Giro-Batol construiu enquanto esteve na ilha seria um bom lugar, mas duvido que consiga encontrá-la.

— Ali há umas folhas de plátano. Vamos! Vamos ficar ali embaixo.

— O melhor é construirmos um abrigo — Yáñez.

Com a ajuda de seus cris, cortaram alguns bambus que cresciam na margem do rio, e os cravaram debaixo de uma enorme árvore, cujas folhas e galhos eram tão densos, que quase por si só eram suficientes para protegê-los da chuva.

Com os bambus cruzados, formaram o esqueleto de uma barraca de campanha com duas vertentes, e a recobriram com as enormes folhas de bananeira para reforçar o teto improvisado.

Depois de pegarem um cacho de bananas, os dois piratas recolheram-se ali. Terminado o frugal jantar, tentaram dormir, apesar do vendaval desencadear-se cada vez mais vio-

lentamente e os assustadores relâmpagos sucederem-se sem interrupção. A noite foi péssima.

Sandokan e Yáñez viram-se obrigados, mais de uma vez, a reforçar a pequena cabana e a recobri-la com novas folhas, para tentarem se proteger da fortíssima chuva que caía incessantemente.

Quando começou a amanhecer, no entanto, a tempestade amainou um pouco, o que permitiu aos dois dormirem com tranquilidade até perto do meio-dia.

— Vamos procurar nosso almoço — disse Yáñez, assim que despertou. — Quem sabe hoje não tenhamos a sorte de descobrirmos outra ostra gigante.

Seguindo a costa meridional, dirigiram-se à baía, onde procuraram entre os penhascos alguns crustáceos e várias ostras de bom tamanho.

A estes alimentos, Yáñez acrescentou bananas e laranjas de aspecto apetitoso. Acabada a refeição, retornaram até a costa pelo lado setentrional, na esperança de encontrarem os paraus; no entanto, em toda a extensão do mar não conseguiram ver nada.

— Como o vento está soprando desde o meio-dia, é possível que a tormenta tenha permitido que voltassem pelo sul — disse Yáñez.

— Sim, mas não estou tranquilo. Temo pelo que possa ter-lhes acontecido — respondeu o "Tigre da Malásia". — Este atraso me coloca em grande perigo.

— Ora! Nossos homens são muito hábeis.

Passaram grande parte do dia ali por perto, e ao pôr-do-sol voltaram a internar-se nos bosques próximos à quinta de lorde James Guillonk.

— Mariana terá encontrado o nosso bilhete? — perguntou Yáñez a Sandokan.

— Estou certo que sim.

— Então, ela comparecerá ao encontro.

— Se conseguir, certamente!

— O que está insinuando, Sandokan?

— Suspeito que lorde James a esteja vigiando.

— Diabos!

— Mas, apesar de tudo, iremos ao encontro, Yáñez. O coração me diz que irei vê-la.

— Cuidado para não cometer nenhuma imprudência! Certamente haverá soldados no parque e na quinta.

— Disso não há dúvida.

— E devemos ter muito cuidado para que não nos descubram.

— Agirei com cautela.

— Assim espero, porque senão...

— Dou-lhe minha palavra.

— Se é assim, vamos!

Agindo com enorme sigilo, olho vivo e ouvido atento, chegaram aos arredores do parque da quinta por volta das sete da noite, depois de terem observado com cuidado as folhagens e arbustos para não caírem numa emboscada.

Com as últimas luzes do crepúsculo, puderam examinar todos os recantos da quinta. Convencidos de que ali não estava escondido nem uma só sentinela, se aproximaram da cerca e a escalaram ajudando-se mutuamente.

Uma vez lá dentro, esconderam-se entre a confusão de galhos arrancados pelo furacão, e depois se ocultaram entre um grupo de grandes peônias da China.

De onde estavam, podiam ver comodamente o que acontecia no parque e também na quinta, já que diante deles não se encontravam mais que umas poucas árvores muito separadas.

— Estou vendo um oficial, numa das janelas da quinta — disse Sandokan.

— E eu uma sentinela perto do pavilhão — disse Yáñez.

— Esse homem irá nos atrapalhar um bocado se permanecer ali, mesmo depois da noite cair.

— Nós o eliminaremos! — respondeu Sandokan, decididamente.

— Seria melhor se o surpreendêssemos e o amordaçássemos. Você tem algo que sirva para isto?

— Minha faixa.

— Perfeito, agora... Velhacos!

— O que foi, Yáñez?

— Não reparou que eles colocaram grades em todas as janelas?

— Por Alá, que malditos! — exclamou Sandokan, rilhando os dentes.

— Lorde James deve conhecer perfeitamente os feitos audaciosos do "Tigre da Malásia", meu irmão. Quantas precauções tomou! Por Baco!

— Então ele está vigiando Mariana.

— Você tinha razão, Sandokan.

— E ela não poderá comparecer ao encontro.

— É possível.

— Pois eu vou vê-la de qualquer jeito.

— De que jeito?

— Escalando a janela! Ao dizer-lhe para providenciar uma corda, eu já estava prevendo isto!

— E se os soldados nos descobrirem?

— Nós nos defenderemos.

— Nós dois, contra todos?

— Você bem sabe que eles nos temem!

— Eu sei.

— E sabe que cada um de nós vale por dez!

— Sim, desde que as balas não sejam muitas! Ei! Olhe!

— O que foi?

— Um grupo de soldados! — respondeu o português, que havia trepado em uma árvore.

— Para onde estão indo?

— Estão se afastando do parque.

— Será que estão indo vigiar os arredores?

— É possível...

— Melhor para nós!

— Pode ser... no entanto, vamos esperar até a meia-noite.

Yáñez, sentando-se ao lado de Sandokan, acendeu um cigarro com todas as precauções possíveis, e o fumou tão tranquilamente como estivesse em um de seus barcos.

Sandokan, pelo contrário, muito impaciente, revolvia-se inquieto como uma fera enjaulada. Maus presságios o agitavam. De vez em quando se levantava para esquadrinhar a escuridão, tentando adivinhar o que ocorria no palacete, e tentar ver a jovem Mariana.

Mas como saber se a nota havia sido encontrada por outra pessoa, e entregue a lorde James? Como saber se não estavam armando uma emboscada para ele?

Yáñez continuava fumando tranquilamente, sem responder as perguntas frequentes de seu inquieto companheiro.

A meia-noite finalmente chegou.

Sandokan levantou-se, e mesmo sabendo correr o perigo de encontrar-se com os soldados de lorde James, preparou-se para ir ao palacete.

No entanto, Yáñez, que havia também se levantado, o segurou pelo braço.

— Não corra, irmão! — disse ele. — Prometeu-me que iria ser cuidadoso.

— Estou decidido a tudo! — replicou Sandokan. — Não tenho medo de nada!

— No entanto, eu aprecio muito minha pele, companheiro. Esqueceu-se que estão vigiando o pavilhão?

— Pois vamos acabar com ele!

— Não precisamos que deem o sinal de alarme...

Abandonaram o esconderijo que lhes proporcionavam as grandes peônias da China e deslizaram através do jardim, escondendo-se atrás das roseiras e arbustos que cresciam abundantes por ali.

Yáñez deteve a Sandokan ao chegarem a poucos passos da quinta.

— Está vendo alguma sentinela?

— Sim.

— Parece-me que dormiu com o fuzil nas mãos.

— Muito melhor! Aproxime-se e fique preparado para o que puder acontecer!

— Vou amordaçá-lo com o meu lenço.

— E eu fico aqui, com o meu cris pronto para entrar em ação!

Para poder chegar a poucos metros do soldado, meteram-se por entre uma espessa folhagem que se estendia até o pavilhão.

A pobre sentinela, alheio ao que estava para acontecer, dormia placidamente com o fuzil nas mãos.

— Está preparado, Yáñez? — perguntou Sandokan, a meia voz. — Adiante!

Dando um formidável salto, Sandokan caiu sobre o jovem soldado, e apertando seu pescoço fortemente, o fez cair ao chão.

Com não menos rapidez, Yáñez lançou-se por trás e amordaçou o prisioneiro, atando-lhe em seguida as mãos e pés.

Voltando-se rapidamente para Sandokan, perguntou-lhe:

— Sabe quais são as janelas do quarto de Mariana? Já pode subir sem perigo.

— Claro que sei! — exclamou o pirata, que já olhava naquela direção. — Estão acima daquela parreira! Ah, Mariana, se soubesse que estou aqui!

— Calma, irmão, que se as coisas não saírem mal, você poderá vê-la hoje à noite.

De repente, Sandokan recuou, dando um verdadeiro rugido.
— O que foi? — perguntou Yáñez, empalidecendo.
— Estou vendo grades em suas janelas!
— Diabos! Isso não tem importância.

Agachando-se, pegou várias pedrinhas do chão e lançou-as contra os vidros, produzindo um leve ruído. Os dois piratas contiveram a respiração, esperando para ver o que iria acontecer. Não houve resposta. Yáñez atirou outra pedrinha, depois outra e outra.

De repente, a janela abriu-se e Sandokan pôde contemplar sob a luz azulada da lua uma forma branca, que imediatamente reconheceu.

— Mariana! — exclamou, levantando os braços para a jovem, que havia se reclinado sobre o parapeito.

Toda a força e energia daquele homem esvaíram-se, como se ele tivesse recebido um balaço no meio do peito. Estava como que aniquilado, com os olhos parados, pálido. Ao distinguir o pirata, a moça deixou escapar um ligeiro sussurro.

— Depressa, Sandokan! — disse Yáñez, saudando galantemente a jovem. — Suba até a janela, mas depressa, porque este local não é nada seguro para nós!

Sandokan deslizou até o palacete, subiu até o parapeito e agarrou-se às grades da janela.

Mariana, com o rosto iluminado pela alegria, exclamou:
— Você! Meu Deus!
— Mariana! Minha amada! — sussurrou o pirata, com a voz embargada pela emoção. — Outra vez eu torno a vê-la! Ainda se lembra de mim, não é verdade?

— Lembro de você todos os minutos, Sandokan! — respondeu a jovem. — Meu amado, que alegria! Voltar a vê-lo, quando já o dava como morto!

— Então, você achava que eu estava morto?

— Sim, e não pode imaginar o quanto eu sofri ao pensar que o havia perdido para sempre!

— Não, querida Mariana; o "Tigre da Malásia" não morre tão facilmente. Consegui escapar sem o menor arranhão dos disparos de seus compatriotas. Cruzei o mar, reuni-me novamente aos meus homens, matei cem tigres, e estou disposto a tudo para livrá-la deste cárcere.

— Sandokan! Meu amor...

— Agora, escute-me — continuou o pirata. — Lorde James está aqui?

— Sim, e temendo seu regresso, me mantém prisioneira.

— Eu já vi os soldados.

— E nos aposentos do andar de baixo, encontram-se muitos, que vigiam noite e dia. Estou trancada, rodeada e cercada por todas as partes, entre grades e baionetas, impedida de dar um só passo que seja ao ar livre. Meu querido, meu tio, que está me odiando, não me permitirá jamais me unir ao "Tigre da Malásia". Mais, ele tentará todos os meios possíveis para nos afastar, para colocar entre nós a imensidão do oceano.

E grossas lágrimas rolaram pela face da linda jovem.

— Está chorando! — exclamou Sandokan, consternado. — Meu amor, seu sofrimento é um cruel castigo para mim! Escute-me, Mariana! Meus homens não se encontram longe daqui. Hoje são poucos, mas, no entanto, dentro de alguns dias seremos muitos mais, e já conhece nossa valentia. Mesmo que seu tio rodeie com barricadas a quinta, nós entraremos aqui, nem que tenhamos que lutar e derrubar os muros. Sou o "Tigre" e para libertá-la, entraria não só nesta fortaleza, mas também tomaria toda Labuán. Deseja que nós a libertemos hoje mesmo? Apesar de sermos só dois, podemos destruir as grades que a mantêm prisioneira. Ainda que isso nos custe a vida. Fale, Mariana! Diga algo, minha amada, porque meu amor por você é tamanho que me põe louco, e me torna capaz até mesmo de atacar sozinho esta casa!

— Não! Não faça isso! — exclamou ela. — O que seria de mim, se você morresse? Acha que conseguiria resistir? Confio que você me salvará quando tiver ao lado homens em quantidade suficiente!

Mariana estremeceu levemente ao escutar um assobio.

19

— Escutou?

— Sim — respondeu Sandokan. — É meu companheiro Yáñez, que está ficando impaciente.

— Pode ser que ele tenha descoberto algum perigo, Sandokan. Talvez, amparados pela escuridão da noite, eles tenham lhes preparado alguma armadilha. Deus meu, chegou a hora de nos separarmos!

— Mariana!

— Se não voltarmos a nos ver...

— Não diga isso, minha amada, porque eu a buscarei, aonde quer que a levem!

— Mas enquanto isso...

— É uma questão de poucas horas. Certamente amanhã meus homens chegarão, e derrubaremos estas muralhas.

De novo escutou-se o assobio do português.

— Vá! — disse Mariana. — Tenho o pressentimento de que está em grande perigo.

— Estando ao seu lado...

— Vá, eu lhe imploro, Sandokan! Parta antes que descubram que você está aqui!

— E abandoná-la? Jamais faria isso. Por que não vim com meus homens? Com eles, esta fortaleza já não nos separaria!

— Sandokan, fuja! Estou escutando passos no corredor!

— Mariana!

Naquele exato momento, uma voz retumbou no quarto:

— Desgraçado!

A silhueta do lorde recortou-se na penumbra. Instantes depois, ele agarrou Mariana por um braço, afastando-a da janela. Ao mesmo tempo, escutou-se o correr de ferrolhos no andar de baixo.

— Fuja! — gritou Mariana.

— Vamos! — exclamou Yáñez

Não havia um só instante a perder. Sandokan, conhecendo o perigo que corria se permanecesse ali por mais tempo, saltou do parapeito, lançando-se no jardim.

II
OS PIRATAS EM UMA ESTUFA

Aquele salto teria quebrado as pernas de qualquer um que o houvesse tentado, mas, no entanto, Sandokan era duro como o aço e ágil como um tigre.

Assim que tocou o solo, levantou-se rapidamente, já empunhando o cris, pronto a defender-se de qualquer ataque. Afortunadamente, o português encontrava-se ali.

— Quer que lhe furem todo? Fuja, imbecil!

O pirata, preso de uma agitação indescritível, exclamou:

— Deixe-me, Yáñez! Vou assaltar a quinta!

Naquele instante, por uma das janelas, apareceram três ou quatro soldados, que os miravam com os fuzis.

— Rápido, Sandokan, proteja-se! — escutou-se o grito de Mariana.

Ao mesmo tempo em que os soldados atiravam, o pirata deu um salto. Uma das balas roçou seu turbante. Rugindo como uma fera, voltou-se e abriu fogo com sua carabina, ferindo a um dos soldados que se encontrava na janela.

— Vamos! — disse Yáñez, empurrando-o para a cerca.

— Não seja tão imprudente!

Uma dúzia de soldados, seguidos de outros tantos nativos, depois de abrirem as portas do palacete, saíram aos jardins com tochas.

O português então abriu fogo contra eles. O oficial que comandava o grupo caiu ferido por terra.

Aproveitando o desconcerto dos soldados, Yáñez exclamou:

— Corra, irmão!

— Não posso deixá-la só! — disse Sandokan, a quem o amor tirava a razão.

— Já lhe disse para fugir! Se não o fizer, serei obrigado a levá-lo a força!

A uns trinta passos apareceram dois soldados, seguidos de perto por um grupo mais numeroso.

Ao vê-los, os dois piratas já não tiveram mais dúvidas. Lançaram-se em uma carreira desenfreada para o muro, enquanto os soldados disparavam os fuzis. O português ia carregando sua carabina, enquanto corria.

— Amanhã devolveremos a estes canalhas os disparos que nos dirigiram pela retaguarda! — exclamou Yáñez.

— Tenho medo de haver colocado tudo a perder, Yáñez! — disse Sandokan, tristemente.

— Por que diz isso, meu amigo?

— Agora já sabem que eu estou aqui, e não se deixarão surpreender.

— É possível, mas se as embarcações já tiverem chegado, teremos cem tigres para tomarem de assalto a quinta. Quem é capaz de resistir a tal ataque?

— Este lorde James me dá medo!

— Acha que ele é um homem perigoso?

— Eu o conheço bem, e sei que é um homem capaz de fazer tudo antes de permitir que eu leve sua sobrinha.

— Diabos! — exclamou Yáñez, furioso. — Eu não havia pensado nisso!

Quando ia deter-se para descansar e encontrar uma solução para o problema, viu alguns reflexos avermelhados no meio da escuridão.

— São os ingleses! — exclamou. — Devem ter encontrado nossas pegadas e nos perseguem! Corramos, Sandokan!

A marcha tornava-se cada vez mais difícil a cada passo que davam para afastarem-se daquele lugar. Havia uma grande quantidade de árvores por toda a parte, o que dificultava a passagem.

No entanto, o sentido de orientação dos dois amigos era grande, e eles dirigiram-se para a cerca com toda a segurança.

Efetivamente, não tardaram em encontrar-se em terrenos cultivados, tão rapidamente atravessaram o bosque.

Sem deterem-se, passaram diante do quiosque chinês, pois para não se perderem por entre aquelas plantas gigantescas, haviam retrocedido. De novo lançaram-se por entre as flores, chegando finalmente à cerca sem que os soldados que vasculhavam o parque pudessem encontrá-los.

— Não corra mais, Sandokan! — exclamou Yáñez, detendo seu companheiro que pretendia saltar. — É possível que os disparos tenham chamado a atenção dos soldados.

— Terão já entrado no parque?

— Não fale! Agache-se aqui e escute!

Sandokan então aguçou os ouvidos, não escutando nada além do leve farfalhar das folhas.

— Distingue algo? — perguntou.

— Do lado de fora eu escutei um galho estalando.

— É possível que tenha sido um animal.

— Mas também pode ter sido um soldado. Além disso, pareceu-me ter escutado uma conversa sussurrada. Não se lembra do pelotão que saiu do parque? Pois eu apostaria os diamantes do meu cris que existem "jaquetas vermelhas" emboscados por este lado.

— Também penso assim, Yáñez, mas não vamos ficar por aqui.

— Então, o que é que pensa em fazer?

— Assegurar-me que o caminho está livre.

23

Prudentemente, Sandokan levantou-se sem fazer ruído. Lançou um olhar através das árvores do parque e escalou a cerca com grande agilidade.

Mal havia chegado ao alto quando escutou uma voz sussurrante.

— Tinha razão, Yáñez! Você não se enganou! — murmurou.

Adiantando-se um pouco, observou as espessas sombras da selva. Perto do tronco de uma árvore gigantesca pôde divisar um grupo de homens.

Rapidamente desceu da cerca e reuniu-se a Yáñez, que permanecia no mesmo local.

— Realmente, há homens escondidos do outro lado — disse.

— Quantos são?

— Cerca de doze.

— Por Júpiter!

— E agora, o que iremos fazer?

— Vamos embora daqui, o melhor é procurarmos outro caminho para escaparmos.

— Temo que seja muito tarde. Minha pobre Mariana! Deve achar que estamos mortos ou presos!

— Por agora, não vamos pensar na jovem. Somos nós quem corremos um grave perigo.

— Vamos!

— Silêncio, Sandokan! Estou escutando vozes do outro lado!

Com efeito, escutava-se a conversa das pessoas perto da cerca. Uma das vozes era baixa, a outra imperiosa. As palavras, levadas pelo vento, chegavam perfeitamente audíveis aos piratas.

— Os piratas entraram no parque para tentarem algo contra a quinta — dizia um deles.

— Não é possível, sargento Bell! — respondeu o outro.

— Imbecil! Acha que nossos companheiros dispararam só por diversão? Willi, você é uma cabeça oca!

— Mas então, eles não poderiam escapar!

— Assim espero. Ao primeiro sinal, reuniremos os trinta e seis homens e juntos dominaremos os bandidos!

— Levantem-se e fiquem em alerta! Mantenham os olhos bem abertos! Pode ser que encontremos o "Tigre da Malásia".

Depois destas palavras, só se escutou o estalar de galhos e folhas. Depois, mais nada. O português, inclinando-se na direção de Sandokan, murmurou:

— Aumentou e muito o número destes safados! Irmãozinho, esta gente vai nos rodear, e cairemos na armadilha que estão nos preparando, se não agirmos com muita cautela.

— Silêncio! — disse o "Tigre da Malásia". — Estou escutando alguém falar!

— Não se mexa daqui, Bob. Eu vou me esconder atrás daquela árvore — escutou-se uma das vozes dizer. — Vigie atentamente a cerca, e procure ter o fuzil preparado.

— Muito bem, sargento! — respondeu Bob. — O senhor acha que poderemos lutar contra o "Tigre da Malásia"?

— Não tenho dúvida. Esse pirata caiu de amores pela sobrinha de lorde Guillonk, e aquela belezura está destinada ao baronete Rosenthal, e você pode imaginar o desespero deste homem. Apesar da estreita vigilância de nossos soldados, dá-se como certo que o pirata tentará raptá-la hoje.

— Então, como é possível que nossos navios não o tenham visto desembarcar?

— Aproveitaram-se do furacão. Também ouvi dizer que, ao largo das costas de nossas ilhas, foram vistas algumas embarcações.

— Que ousadia a deste homem!

— Nunca vi nada parecido! Eu vou lhe dizer uma coisa, Bob, o "Tigre da Malásia" nos dará muitos desgostos. Nunca conheci, na minha vida, homem que se arrisque tanto quanto ele.

— Se ele estiver no parque, desta vez não escapará tão facilmente. Ele não nos escapará!

— Acabou-se a conversa! Volte para o seu posto, Bob! Não se esqueça de que podemos ganhar mil libras esterlinas! Colocando três fuzis a cada cem metros, quem sabe se não deteremos este "Tigre da Malásia" e seus companheiros.

— Minha virgem, que esta é uma quantia estupenda! — exclamou sorrindo Yáñez. — Lorde James o tem em alta conta, irmão!

— Esses soldados estão crentes que vão ganhar a recompensa! — respondeu Sandokan.

Ele ergueu-se e olhou pelo parque. Pôde ver claramente uns pontos luminosos que apareciam e desapareciam na distância.

Entretanto, os soldados haviam perdido o rastro dos fugitivos e procuravam-no ao acaso, planejando vasculhar o parque assim que amanhecesse.

— Por enquanto, nada temos a temer destes homens — exclamou Sandokan.

— Como o parque é muito grande, é possível que a cerca não esteja vigiada em toda a sua extensão — disse Yáñez.

— Vamos tentar fugir por outro lado?

— De maneira alguma, meu amigo. Se nos descobrirem, será muito difícil fugirmos com quarenta soldados às nossas costas. Neste momento, o parque é nosso melhor esconderijo.

— Mas onde?

— Acompanhe-me. Você mesmo me recomendou a não cometer imprudências, portanto, não façamos nada desesperado. Se me matarem, minha amada não sobreviveria.

— E os soldados não vão nos descobrir?

— É um pouco difícil. Por agora, não vamos nos deter muito por aqui. Siga-me, Yáñez. Eu o conduzirei a um local seguro e amanhã de noite, alçaremos voo, aconteça o que acontecer.

Os dois homens afastaram-se então.

Depois de cruzar uma parte do parque, Sandokan conduziu seu amigo a uma pequena edificação de um só andar, que servia de estufa para as flores e que, além disso, estava a apenas quinhentos passos do palacete de lorde James. Sandokan, com extremo cuidado, abriu a porta e entrou na casa.

— Para onde vamos? — perguntou Yáñez.

— Acenda um fósforo.

— Não irão ver a luz lá de fora?

— Não há perigo.

A construção, cheia de cadeiras e mesinhas de bambu, estava repleta de grandes vasos com flores que exalavam delicados perfumes. O português, olhando ao seu redor, distinguiu no extremo oposto do aposento uma fornalha de dimensões gigantescas, capaz de abrigar meia dúzia de pessoas.

— É aqui que vamos nos esconder? — perguntou a Sandokan. — Não creio que este lugar nos ofereça muita segurança! Os soldados, animados com a recompensa que lorde James promete, revistarão tudo.

— É possível.

— Então, corremos perigo aqui...

— Calma, companheiro!

— O que está insinuando?

— Quem irá pensar em nos procurar no interior de uma fornalha?

O português não conseguiu reprimir uma gargalhada.

— Naquela fornalha? — exclamou.

— Sim, aí dentro, aonde vamos nos esconder!

— Mas, ali ficaremos mais negros que africanos! E neste fenomenal forno não deve faltar carvão!

— Não se preocupe, Yáñez. Depois nos lavaremos.

— Mas, Sandokan...

— Se não quer entrar, então você terá que se entender sozinho com os ingleses. Há pouca escolha, Yáñez. A fornalha, ou sermos feitos prisioneiros.

— Bem, acho que não resta mesmo outra solução — respondeu Yáñez, rindo. — Adiante, então. Vamos visitar nosso confortável domicílio.

O português acendeu outro fósforo, e abrindo a portinhola de ferro, meteu-se decididamente no interior da imensa fornalha. Sandokan o seguiu sem vacilar.

O lugar era suficientemente grande para que ambos pudessem ficar, comodamente, de pé. No entanto, havia grande quantidade de carvão e cinzas.

Apesar do perigo da situação, Yáñez, que não perdia nunca seu bom humor, começou a rir com gosto.

— Por Júpiter! Tenho certeza de que não nos encontrarão! — disse. — Quem iria imaginar que o terrível "Tigre da Malásia" iria se esconder aqui.

— Fale baixo! — sussurrou Sandokan. — Eles podem nos escutar!

— Devem estar longe a esta hora.

— Não tanto quanto pensa. Antes de entrarmos na estufa, vi alguns soldados a pouco mais de duzentos passos daqui.

— Acha que irão vasculhar aqui?

— Tenho certeza.

— Diabos! E se resolverem vasculhar a fornalha?

— Neste caso, como temos armas, não deixaremos que eles nos apanhem facilmente. Poderemos até rechaçar um assédio!

— E sem um só biscoito, Sandokan! Porque suponho que você não vá se contentar comendo carvão. Além disso, as paredes de nosso esconderijo não me parecem fortes o suficiente para aguentar um bom empurrão.

Sandokan, que como sempre tinha confiança em sua audácia e sua força, exclamou:

— Partiríamos para o ataque antes que derrubassem as paredes!

— Seria conveniente se nos abastecêssemos com algum tipo de alimento.

— Eu vi algumas bananas perto da casa. Daqui a pouco as colheremos.

— Quando?

— Silêncio! Estou escutando algo! Prepare a carabina e não tema! Preste atenção!

Aproximavam-se várias pessoas conversando. As folhas estalavam sob seus pés. Sandokan abriu cautelosamente a portinha de ferro para olhar para fora, e recomendou a Yáñez que não se mexesse.

O aposento encontrava-se às escuras ainda. No entanto, viam-se, através das janelas, algumas tochas brilhando em meio às bananeiras que cresciam ao longo do caminho. Sandokan contou meia dúzia de soldados, acompanhados por dois negros, que iam mais atrás.

"Virão até aqui?", perguntou-se inquieto.

Dispunha-se já a fechar com precaução a portinhola, quando o interior da estufa iluminou-se com um raio de luz.

— Já estão aqui! — disse a seu companheiro, o qual não se atrevia nem a respirar. — Armou sua carabina? Nós nos lançaremos sobre estes importunos!

— Estou com o dedo no gatilho.

— Certo! Deixe seu cris desembainhado também!

Naquele instante, um pelotão de soldados iluminava completamente o interior da estufa. Sem deterem-se, entraram para o interior. Sandokan, que estava muito perto da portinhola, apesar de toda a sua coragem, não pôde conter um estremecimento ao comprovar que os soldados vasculhavam todos cantos daquele lugar, movendo os vasos, cadeiras e mesas.

Inspecionando daquela maneira, era muito difícil que não reparassem na fornalha. Sandokan reuniu-se rapidamente a Yáñez, que meio sufocado pelas cinzas e carvão, encontrava-se acocorado ao fundo da fornalha.

— Não se mova! — sussurrou-lhe Sandokan. — É possível que nos encontrem!

— Silêncio! — disse Yáñez. — Escute!

Um dos soldados estava falando:

— Este maldito pirata terá conseguido escapar?

— Parece que a terra o tragou! — disse outro.

Um terceiro exclamou:

— O homem é capaz de qualquer coisa. Dizem que ele tem um acordo com Belzebu e não é um homem comum como nós!

— Eu também acho assim, Varres — escutou-se dizer a primeira voz, com um ligeiro tremor, indicando que o soldado estava bem assustado. — Só vi este homem uma vez, e foi o suficiente. Teve coragem para virar-se contra cinquenta homens, sem que nenhuma bala o alcançasse. Era um tigre!

— Nem mesmo lorde Guillonk teria coragem o suficiente para enfrentar este filho do demônio.

— Apesar de tudo, vamos tentar capturá-lo. Ele não pode nos escapar. Se tentar saltar a cerca, ali deixará a vida, já que o parque está completamente rodeado.

— Apostaria dois meses de meu pagamento que nós é que vamos prendê-lo.

— É impossível capturar-se os espíritos.

— Está louco se acredita que ele é um ser infernal, porque não faz muito que foi ferido por um dos marinheiros do navio! Além disso, lorde Guillonk nos assegurou que ele é um homem como nós. Ou vocês acham que os espíritos têm sangue?

— Não.

— Esse pirata é um safado muito audaz, isto sim! Só um espertalhão que merece um bom castigo.

— Sem-vergonha! — exclamou Sandokan. — Já iria ver quem eu sou, se não estivesse metido aqui!

— Vamos embora! — disse a primeira voz. — É tudo uma questão de procurá-lo, ou iremos perder a recompensa que lorde Guillonk nos prometeu. — Vamos embora. Aqui ele não está.

— Espere um momento, Bob! Vamos primeiro ver esta gigantesca fornalha. Olhando bem, ali daria para se esconder um bom número de pessoas.

— Está brincando com a gente, companheiro? — disse um soldado. — Ali não caberiam nem os pigmeus do rei da Abissínia. Quem teria se metido naquele buraco?

— Eu não vou embora sem ver o que há lá dentro.

Sandokan e Yáñez encolheram-se o mais que puderam, deixando-se cair entre as cinzas e carvões para melhor se ocultarem.

Um momento depois a portinhola de ferro abria-se, e um raio de luz, incapaz de iluminar completamente a fornalha, projetou-se no interior. O soldado enfiou a cabeça e voltou a tirá-la rapidamente, dando sonoros espirros.

Além de deixá-lo meio cego, as cinzas o deixaram com a cara completamente suja.

— Aqui não tem ninguém! É somente um buraco cheio de fumaça! — disse por fim o soldado.

— Vamos! — disse outro. — Estamos perdendo um tempo miserável. Enquanto isso, o "Tigre da Malásia" deve estar no parque, tentando pular a cerca.

— Vamos depressa! — exclamaram todos. — Aqui não ganharemos a recompensa que lorde James nos prometeu.

Fechando com força a porta da estufa, os soldados bateram em retirada. Seus passos e vozes ainda puderam ser ouvidos durante alguns instantes, depois, silêncio. O português deu então um grande suspiro de satisfação:

— Por cem mil canhões! Creio que nestes minutos vivi cem anos! Já podemos acender uma vela para Nossa Senhora dos Mares! Achei que estávamos perdidos! Bastava que aquele soldado tivesse esticado o pescoço para nos descobrir!

— Passamos, realmente, por uma autêntica prova — respondeu Sandokan. — Não entendo ainda como consegui me conter para não disparar, quando vi aquela cabeça tão próxima a mim.

— Pois teria sido um estupendo negócio! Agora já não temos o que temer. Os soldados continuarão nos procurando pelo parque, e terminarão por persuadirem-se de nosso desaparecimento. Quando partiremos? Porque suponho que não pense em ficar aqui umas semanas, sabendo que na embocadura do rio podem estar nos esperando nossos paraus.

— Não estou pensando em ficar por aqui. Além disso, a comida não é muito abundante. Esperaremos que os ingleses diminuam a vigilância e então, fugiremos! Também quero saber se nossos homens já se reuniram, porque para resgatar Mariana, vou precisar da ajuda deles.

— Sandokan, porque não procurarmos algo para mastigar e refrescar nossa garganta?

— Sim, vamos.

No interior da fornalha, o português tinha a sensação de que ia sufocar. Agarrou a carabina e foi para a portinhola. Imediatamente, para não deixar nenhum rastro de cinzas no chão, saltou sobre um grande vaso que se encontrava perto.

— Está vendo alguém? — perguntou. — Está muito escuro.

— Vamos pegar as bananas

Encaminharam-se então para o grupo de árvores que cresciam ao longo do caminho e ali fizeram uma abundante provisão de bananas, o suficiente para acalmar-lhes a fome.

Iam se retirar, quando Sandokan deteve-se e disse ao seu companheiro:

— Aguarde-me aqui, Yáñez. Quero ver onde estão os soldados.

— O que quer fazer é uma imprudência — respondeu o português. — O que isso nos importa? Deixe-os irem embora!

— Tenho um plano!

— Para o inferno com os seus planos! Não podemos fazer nada esta noite!

— Quem sabe? — respondeu Sandokan. — É possível que não tenhamos que esperar até amanhã para partirmos. Por outro lado, minha ausência vai ser muito curta.

Sandokan pegou a carabina e, silenciosamente, afastou-se por sob a compacta sombra das árvores, segurando seu cris.

Muito perto do último grupo de bananeiras que cresciam na margem do caminho, distinguiu algumas tochas a grande distância, dirigindo-se para a cerca.

— Ao que parece, estão se afastando — murmurou. — Enquanto isso, vamos ver o que está acontecendo no palacete de lorde James. Ah, que tranquilo eu iria, se me fosse possível ver, ainda que só por um instante, a minha adorada Mariana!

Reprimindo um suspiro, dirigiu-se para o caminho, procurando ocultar-se nas sombras que as árvores e as folhagens produziam.

Quando chegou perto da quinta, parou debaixo de uma enorme mangueira, e ao ver a janela de Mariana iluminada, seu coração bateu descontrolado.

— Se me fosse possível tirá-la dali! — murmurou delirante, olhando para a luz.

Inclinando-se, para que nenhum soldado pudesse descobri-lo se estivesse emboscado nas proximidades, atreveu-se a dar mais três passos. Depois, deteve-se novamente. Uma sombra que parecia ser a da sua amada, distinguiu-se através da janela.

Ia lançar-se decidido até a quinta, quando avistou um homem parado ao lado da porta de entrada.

Tratava-se de uma sentinela, apoiado em sua carabina. "Terá me visto?", perguntou-se.

Mas sua indecisão durou só um instante. Era mesmo Mariana quem estava na janela. Sem ter em conta o perigo que corria, avançou. Não havia dado dez passos, quando a sentinela pegou a carabina rapidamente, gritando:

— Alto! Quem vem lá?

Sandokan deteve-se.

III

O Fantasma de Jaqueta Vermelha

A situação parecia perdida, e certamente iria se tornar uma ameaça perigosa para Sandokan e seu amigo.

No entanto, era de se esperar que a sentinela, devido à escuridão e a distância, não tivesse distinguido bem o pirata, o qual ocultou-se rapidamente atrás de umas folhagens. Apesar disso, podia avisar aos seus companheiros somente com um grito. Sandokan permaneceu imóvel atrás da folhagem. Sabia que, se se movesse, iria se expor a um grande perigo.

O vigia voltou a repetir a pergunta, e ao ver que não recebia resposta alguma, avançou alguns passos para certificar-se de que não havia ninguém atrás da folhagem. Depois voltou ao seu posto de vigilância.

Apesar de sentir um grande desejo de levar a cabo sua arriscada empresa, Sandokan, sem tirar os olhos da sentinela que se encontrava preparada a abrir fogo a qualquer eventualidade que se apresentasse, começou a recuar lentamente, com mil precauções, indo de tronco em tronco, deslizando por entre as árvores.

Uma vez saindo daquela perigosa situação, apressou o passo e meteu-se na estufa, onde o português o esperava impaciente.

— O que viu? — perguntou Yáñez. — Estava aqui tremendo!

— Para nós, nada de bom! — respondeu surdamente Sandokan. — Esta noite nos será completamente impossível tentar algo. Há muitos soldados no parque, e o palacete encontra-se fortemente vigiado.

— Pois então, vamos aproveitar o tempo para dormir um pouco. Está certo de que os soldados não voltarão a nos incomodar?

— Por que acha isso?

— Sandokan, resolveu me deixar nervoso?

— É possível que algum grupo de soldados passe por aqui e, talvez, resolvam fazer uma nova investigação.

— Creio que isto está ficando muito complicado para nós, irmão! Se ao menos sua amada nos pudesse livrar desta situação!

— Quem sabe como a vigiarão? Pobre Mariana! Seria capaz de dar cem gotas do meu sangue para poder lhe dizer que ainda estamos vivos! E ela, o que deve estar sofrendo ao não ter notícias nossas!

— Isto não me preocupa agora, já que ela encontra-se em melhores condições do que nós. O que podemos fazer de melhor agora, é descansar um pouco. O que acha de aproveitarmos estes momentos de calmaria para dormirmos?

— Sim, mas com um olho aberto.

— Gostaria de dormir com os dois olhos bem abertos. Vamos nos esticar atrás destes vasos, e tentemos conciliar o sono. Vamos!

Apesar do português e seu companheiro não estarem muito tranquilos, procuraram dormir meio ocultos por umas rosas da China.

No entanto, foi-lhes impossível fechar os olhos, apesar de estarem exaustos. A ameaça de ver aparecer novamente os soldados de lorde James os manteve despertos a noite toda. Com o objetivo de ver se os inimigos se aproximavam, saíram várias vezes para acalmar a crescente ansiedade.

Ao amanhecer, os ingleses começaram novamente a vasculhar o parque, procurando com maior afinco entre as folhagens numerosas.

35

Estavam certos de que iam descobrir, mais cedo ou mais tarde, os atrevidos piratas que haviam cometido a imprudência de saltar a cerca da quinta.

Yáñez e Sandokan, ao vê-los ainda longe, aproveitaram para colher umas suculentas laranjas. Em seguida, tendo a prudência de apagar os rastros de cinza que haviam deixado no chão, meteram-se novamente na fornalha, fechando-a cuidadosamente.

Uma vez devorado o café-da-manhã, Sandokan e Yáñez acomodaram-se novamente entre as cinzas e acenderam uns cigarros. Depois, esperaram pela chegada da noite, para só então tentarem fugir.

Estavam ali há poucas horas, quando escutaram alguns passos lá fora. Imediatamente levantaram-se, empunhando o cris.

— Regressaram? — perguntou o português.

— Talvez — respondeu Sandokan.

— Alguém passou pelo caminho. Não nos equivocamos!

— Se estivesse certo de ser só um homem, eu o enfrentaria!

— A insanidade o atacou novamente, Sandokan?

— Da informação que conseguíssemos tirar dele, poderíamos saber que caminho seguir sem encontrarmos os soldados.

— Hmm! Tenho certeza de que tentaria nos enganar!

— Não creio! Quer tentar?

— Sandokan, seja prudente!

— Mas é preciso fazer alguma coisa!

— Nesse caso, deixe que eu saia.

— E eu vou ficar aqui, de braços cruzados?

— Eu o chamarei se precisar de ajuda.

— Escutou algo?

— Nada.

— Saia então. Eu estarei preparado, no caso de você precisar.

Depois de estar alerta alguns instantes, Yáñez saiu para o exterior.

Ainda havia alguns soldados vasculhando com ar cansado a vegetação densa do parque. Os demais, uma vez perdida a esperança, haviam-se afastado dali.

— Tenhamos paciência — disse Yáñez. — Talvez se convençam de que já conseguimos escapar, apesar de sua vigilância. Esta noite sairemos de nosso esconderijo e nos embrenharemos na selva, se tudo correr bem.

Ia dar meia volta quando, de repente, divisou um soldado que se dirigia à entrada da estufa.

"Terá me visto?", perguntou-se ansioso.

De um salto ocultou-se entre algumas bananeiras e, resguardando-se atrás de suas gigantescas folhas, foi recuando até conseguir chegar ao lugar onde estava Sandokan. Este, ao vê-lo com o rosto preocupado, imaginou se algo de grave havia acontecido ao companheiro.

— Estão te seguindo? — perguntou.

— Um soldado está vindo para o nosso refúgio — respondeu Yáñez. — Temo que tenha me descoberto!

— Só um?

— Sim.

— Então, é o homem que eu preciso.

— O que quer dizer com isto?

— Os outros se encontram distantes?

— Estão perto da cerca.

— Pois então o faremos prisioneiro!

— Quem? — perguntou Yáñez.

— Ao soldado que está vindo para cá.

— Mas, Sandokan, quer que nos descubram?

— Esse homem nos é indispensável! Acompanhe-me!

Quando Yáñez quis replicar, Sandokan já se encontrava fora da estufa. O português, para evitar que seu companheiro cometesse alguma imprudência, viu-se obrigado a segui-lo, apesar de não concordar muito com isso.

37

O soldado que Yáñez havia visto não se encontrava mais que a duzentos passos. Com o fuzil no ombro, avançava tranquilamente, assobiando uma canção. Tinha o rosto pálido, os cabelos avermelhados e a barba ainda não havia aparecido. Certamente tratava-se de um soldado sem experiência. Pelo visto, ainda não havia se dado conta da presença do pirata, já que, se não fosse assim, teria chamado a atenção de todos os demais, ou teria sido mais precavido para agir.

— Este será uma presa fácil de se capturar — disse Sandokan, inclinando-se para Yáñez, que havia se reunido a ele. — Vamos nos meter por entre estas bananeiras, e deste modo cairemos em cima do jovenzinho, assim que ele passar. Eu o amordaçarei.

— Sandokan, creio que vai cometer uma imprudência — respondeu Yáñez.

— A resistência que este homem pode nos opor é mínima.

— E se ele gritar?

— Não terá tempo suficiente. Já chega!

Sem haver visto nada, o soldado passava tranquilamente pelo grupo de árvores onde estavam escondidos os dois homens. Ambos atiraram-se em cima do jovem rapidamente.

Enquanto o "Tigre" o dominava, Yáñez o amordaçou. No entanto, o soldado teve tempo de soltar um grito bem agudo, apesar do inesperado ataque.

— Depressa, Yáñez! — disse Sandokan.

Rapidamente o português agarrou o soldado e o introduziu na fornalha. Dentro em pouco chegou Sandokan. Estava agitado, pois havia avistado vários soldados. Além disso, não tinha tido tempo para recolher a carabina do prisioneiro.

— Estamos perdidos! — disse ele, entrando na fornalha.

— Terão se dado conta de que capturamos este homem? — perguntou Yáñez, pálido.

— Devem ter escutado o seu grito, pelo menos.

— Então, não temos salvação!

— Mas ainda não estamos perdidos! Mas tenho certeza que vasculharão os arredores, se tiverem a sorte de encontrar a carabina de seu companheiro.

— Vamos sair daqui, sem perda de tempo, e vamos para a cerca!

— Antes que pudéssemos dar cinquenta passos, nos fuzilariam. Estamos armados e dispostos a qualquer coisa, vamos ficar por aqui, e esperar os acontecimentos com calma.

— Creio que já se aproximam!

— Yáñez, não perca a calma!

O português não havia se enganado. Com efeito, alguns soldados haviam chegado muito perto da estufa, comentando a estranha desaparição de seu companheiro.

— A arma abandonada quer dizer que ele caiu numa armadilha, e o levaram prisioneiro — disse uma voz.

— Será que Barry não quis fazer uma brincadeira conosco? — dizia outro. — Porque eu não creio que estes malditos piratas estejam ainda aqui, e, mais ainda, que tenham se atrevido a golpe tão audaz.

— Este não é o momento mais oportuno para divertir-se às nossas custas.

— Eu acho que não lhe aconteceu nada.

— Pois eu acho que os piratas o capturaram — disse uma voz com marcado acento escocês. — Alguém viu estes homens pulando a cerca?

— Vasculhamos todo o parque, viramos tudo ao avesso, sem encontrar rastro algum. Onde poderiam ter se metido?

— Segundo dizem, esses piratas são espíritos infernais. Quem sabe se eles não podem esconder-se debaixo da terra, ou em troncos de árvores?

— Barry!... Olá!... — gritou uma voz. — Se não deixar de gracinhas, vamos te deixar em pedaços quando aparecer!

Como era de se esperar, ninguém respondeu ao seu chamado. O jovenzinho bem que gostaria de fazê-lo, mas era-lhe impossível, já que se encontrava fortemente amordaçado e ameaçado pelos cris de Sandokan e Yáñez.

Aquele silêncio confirmou aos soldados de que algo realmente havia acontecido ao seu companheiro.

— Então, o que faremos? — perguntou o escocês.

— Não temos outro remédio senão procurá-lo, amigos! — respondeu outro, rapidamente.

— Mas já procuramos por entre as folhagens!

— Vamos entrar na estufa.

Estas palavras tiraram de vez a tranquilidade dos piratas.

— O que vamos fazer? Este jovem está meio morto de espanto e nada pode fazer.

— Bem! Você fica perto da portinhola e evita a entrada de qualquer soldado que o tente fazer.

— Enquanto isso, o que você fará?

— Vou preparar uma estupenda surpresa aos nossos amigos "jaquetas vermelhas".

O português estendeu-se entre as abundantes cinzas, pegou a carabina e preparou-a para qualquer eventualidade.

Então, Sandokan inclinou-se sobre o infeliz rapaz e lhe disse:

— Se der um só grito, eu o mato! Meu punhal tem a ponta envenenada com um suco mortal. Então, não faça nem um gesto, se é que quer viver!

Uma vez dito isto, levantou-se e deu alguns golpes nas paredes da fornalha, em lugares distintos.

— Vão ter uma grande surpresa! — disse. — Agora, vamos esperar o momento oportuno para fazer a aparição.

Os soldados, enquanto isso, haviam entrado. Raivosamente iam revirando os vasos e caixas de plantas, maldizendo ao mesmo tempo o "Tigre da Malásia" e ao seu companheiro. E uma vez terminada a busca, concentraram-se na fornalha.

— Por mil canhões! — exclamou o escocês. — Será que esconderam nosso companheiro aí dentro?

— Vamos ver! — disse um outro.

—Não corra! — disse um terceiro. — A estufa não é tão grande assim para caber mais de uma pessoa.

Ao escutar isso, Sandokan apoiou-se nas paredes da fornalha e começou a empurrá-las.

— Siga-me, Yáñez! — sussurrou a seu amigo.

— Estou preparado!

Quando viu que a portinhola se abria, Sandokan afastou-se alguns passos da parede. Um estalar surdo então se escutou de imediato e, quase ao mesmo tempo, as paredes cederam diante daquele empurrão violento.

— O "Tigre"! — exclamaram vários soldados, enquanto afastavam-se.

Com o cris entre os dentes e empunhando a carabina, Sandokan apareceu de improviso no meio daquelas ruínas.

Com um ímpeto feroz lançou-se sobre os surpresos soldados, derrubando dois deles e, seguido de Yáñez, fugiu pelo parque.

IV
Através da Selva

No primeiro momento, nenhum dos soldados que estavam no interior da estufa pensou em fazer uso de suas armas, por causa do espanto que sentiram ao ver o pirata.

Quando, já recompostos da surpresa, quiseram partir para o ataque, já era demasiado tarde.

Sem fazer o menor caso dos disparos que os soldados faziam, nem do som das trompas que saíam da quinta, os dois amigos precipitaram-se na densa floresta.

Em menos de dois minutos chegaram à parte mais espessa do bosque, depois de correrem sem descanso. Detiveram-se alguns momentos, para tomarem fôlego, enquanto os soldados, que haviam tentado bloqueá-los na fornalha, lançavam-se para fora da estufa, abrindo fogo por entre o meio das árvores e gritando furiosamente. Entretanto, os soldados da quinta, imaginando tratar-se de algo grave, haviam corrido através do parque para chegar à cerca, com a suspeita de que talvez seus companheiros tivessem descoberto o temível "Tigre da Malásia".

— Meus caros, é muito tarde! — disse Yáñez. — Nós chegaremos primeiro!

— Vamos! — disse Sandokan. — Não vamos deixá-los cortar caminho, senão estaremos perdidos!

Com o mesmo ímpeto de antes, voltaram a empreender carreira.

— Está vendo alguém? — perguntou Sandokan.
— Nem uma só alma!
— Então, vamos pelo bosque! Ali não poderão seguir nossos rastros!

A dois passos de distância encontrava-se a selva, e para lá se dirigiram. Mas a marcha tornava-se cada vez mais difícil, a cada passo que davam.

Entre as árvores de tronco grosso e desnudo, várias raízes entrecruzavam-se como serpentes monstruosas.

Os cipós pendiam dos galhos e troncos das grandes árvores. Formavam redes que resistiam tenazmente a todos os esforços, e mesmo às afiadas lâminas das facas, e toda tentativa de se passar era inútil.

Os duriões, de troncos retos, reluzentes e carregados de frutas já quase maduras, erguiam-se por toda a parte. Estas árvores podiam constituir-se num verdadeiro perigo, já que seus frutos estavam revestidos de pontas tão duras como se fossem de ferro.

❧✦◊✦❧

Logo os dois piratas estavam perdidos no meio daquela espessa selva, quase inexpugnável, impedidos de continuarem em frente. Para derrubar aquela imensa muralha de árvores, raízes e trepadeiras, teriam necessitado de um poderoso canhão.

— Para onde vamos, Sandokan? — perguntou Yáñez.
— Eu não sei por onde poderíamos passar!
— Imitaremos os macacos — disse o "Tigre da Malásia".
— Para nós será fácil.
— E bem a propósito, neste momento!
— Deste modo, os ingleses que nos seguem, irão perder nossos rastros. E depois, saberemos nos orientar?
— Você sabe que os piratas, ainda que não tenham bússola, não se perdem nunca! Nosso instinto não nos falha jamais!
— Você acredita que os ingleses já entraram nesta parte da selva?

— Duvido — respondeu Sandokan. — Se para nós, que estamos habituados a viver em meio aos bosques, é difícil, eles não conseguiriam dar nem dez passos. No entanto, afastemo-nos o quanto antes. Lorde James tem cães de caça, e esses animais espertos podem bem nos alcançar.

— Possuímos bons punhais para nos defendermos.

— Esses animais são mais perigosos que os homens. Vamos, Yáñez! Força nos braços!

Os dois piratas escalaram a muralha vegetal, agarrando-se aos cipós com uma agilidade que nada ficava a dever aos macacos.

Passando por entre as malhas daquela grandiosa rede vegetal, subiam, baixavam, voltavam a subir, e deslizavam por entre os troncos das árvores ou por entre folhas de espessas bananeiras.

Diante de sua aparição, os pássaros fugiam piando. Os tucanos, de bico enorme e corpo coberto por penas azuis e vermelhas, escapavam grasnando estridentemente, desaparecendo na espessura da selva.

Também os macacos fugiam precipitadamente para as árvores vizinhas, dando gritos de terror, e correndo a esconder-se nos grossos troncos ocos, para livrarem-se daquela rápida e surpreendente aparição.

Yáñez e Sandokan, sem nada temer, prosseguiam em sua ousada manobra, trepando de árvore em árvore, sem nunca darem um passo em falso. Com extraordinária segurança, lançavam-se entre as árvores, penduravam-se nos cipós e, dando um empurrão, voavam pelos ares, para agarrar-se aos galhos das árvores que cresciam mais perto deles.

Deste modo, percorriam quinhentos ou seiscentos metros, não sem a ameaça de caírem de tão elevada altura. Por fim, os galhos gigantescos de uma árvore lhes serviu de parada.

— Neste lugar poderemos descansar algumas horas — disse o "Tigre". — Certamente ninguém virá nos incomodar no meio desta selva. Estamos em uma cidade, perfeitamente rodeada por fortes.

— Meu irmão, sabe que tivemos muita sorte ao conseguir escapar daqueles soldados? É uma coisa milagrosa. Estávamos trancados dentro daquela fornalha, com quase uma dúzia de soldados ao redor, e conseguimos escapar! O medo que sentem de você não os deixou agir!

— Parece que foi isso mesmo — disse Sandokan, rindo.

— Será que sua amada Mariana ficará sabendo que você conseguiu escapar das garras do lorde?

— Espero que sim — suspirou Sandokan.

— Mas temo que, depois desta ousadia, lorde James vá procurar refúgio em Vitória.

— Você acha? — perguntou Sandokan, sombriamente.

— Sabendo que estamos tão perto da quinta, não se sentirá seguro o suficiente.

— Tem razão, Yáñez! É preciso que nos ponhamos em contato com os nossos homens!

— Terão já chegado?

— Certamente os encontraremos na embocadura do rio.

— Se não tiver lhes acontecido alguma desgraça...

— Não me deixe inquieto! Logo iremos saber.

— E em seguida, cairemos sobre a quinta de lorde James?

— Veremos o que fazer no momento oportuno.

— Quer um conselho, Sandokan?

— Diga, Yáñez.

— Esperemos que o lorde saia ao nosso encontro, ao invés de tentarmos o assalto à quinta.

— E, então atacaremos a escolta pelo caminho?

— Exatamente! No meio do bosque. Um assalto pode custar muitas vidas e dura muito tempo.

— Seu conselho me parece bom.

— E uma vez posta em fuga a escolta, resgataremos a moça e partimos para Mompracem.

— E o que faremos com lorde James?

45

— Deixaremos que ele vá para onde quiser. Tanto dá se ele for para Londres ou para Sarawak.

— Está enganado com isso, Yáñez. Não irá nem para um lugar, nem para outro.

— O que está querendo dizer?

— Que lançará sobre nós todas as forças de Labuán e não nos dará trégua em momento algum.

— Não tema.

— Eu? Como se o "Tigre da Malásia" tivesse medo dessa gente! Que venham exércitos, poderosamente armados e decididos a acabarem com a minha ilha. Ali encontrarão o que não esperam. Em Bornéu, legiões de indígenas encontram-se dispostos a porem-se sob minhas ordens. Para que cheguem às dezenas com seus paraus, bastará que envie emissários às costas da Grande Ilha e as Romades.

— Eu sei disso, Sandokan.

— Como vê, se eu quisesse Yáñez, poderia desencadear a guerra até a costa de Bornéu, e lançar sobre a ilha hordas de fiéis indígenas.

— Você não pode fazer isso, Sandokan.

— Por que não?

— Porque uma vez que Mariana Guillonk seja sua, não tornará a preocupar-se com Mompracem, nem com seus tigres. Não é verdade?

Sandokan não respondeu. No entanto, de seus lábios saiu um suspiro tão forte, que mais parecia um rugido.

— Mariana tem muita energia. É uma mulher que não duvidaria em combater ao lado do homem que ama, mas ela nunca será a rainha de Mompracem. Não é verdade, meu querido Sandokan?

Desta vez o pirata também ficou silencioso. Com a cabeça entre as mãos, seus olhos, iluminados por uma sombria luz, olhavam para o vazio, como que procurando ver o futuro.

— Maus dias se aproximam de Mompracem! — continuou Yáñez. — Dentro de muito pouco tempo, a ilha terá perdido todo o seu prestígio, e seus temíveis tigres terão desaparecido. O que tinha de acontecer já aconteceu. Possuímos tesouros imensos, e iremos para qualquer cidade opulenta do Extremo Oriente para gozar de uma vida tranquila.

— Cale-se, Yáñez! — disse Sandokan. — Cale-se! Você não pode saber o que o futuro reserva para os tigres de Mompracem!

— Posso adivinhar.

— Mas também pode estar enganado.

— Então... O que está passando por sua cabeça?

— Não posso dizer ainda. Esperemos pelos acontecimentos. Enquanto isso, vamos embora deste lugar.

— Ainda está muito cedo.

— Estou impaciente para ver as embarcações.

— Mas os ingleses podem esperar-nos na saída da selva, e então...

— Não tenho medo.

— Cuidado, Sandokan! Está a ponto de meter-se na boca do lobo. Uma bala de carabina bem dirigida pode enviá-lo para o outro mundo em um segundo.

— Procurarei ter prudência. Olhe! Ali parece que a mata está menos espessa! Vamos embora, Yáñez!

— Como desejar! Vamos!

෴෴෴

Apesar do português temer uma surpresa por parte dos ingleses, os quais podiam ter-se introduzido na selva, também se sentia impaciente por saber se os paraus haviam conseguido fugir da espantosa tormenta que havia se desencadeado sobre as costas da ilha.

Os dois piratas mataram a sede comendo algumas frutas.

Depois, escorregaram para o chão usando os cipós que escorriam sobre as árvores.

No entanto, não era uma tarefa fácil sair da selva. Um pouco mais para frente, depois de uma clareira, a floresta tornava-se ainda mais densa.

Sandokan estava perdido, e não sabia que direção tomar para chegar ao rio.

Yáñez, como não podia ver o sol através daquela espessa camada vegetal, não conseguia orientar-se, e então comentou:

— Meu caro Sandokan, nos metemos num aperto. Qual direção iremos tomar?

— A verdade é que eu não sei — respondeu Sandokan.

— No entanto, parece-me que ali há um caminho. Poderemos segui-lo. É possível que nos conduza para fora desta enrascada, e...

— Escutou?

— Um ladrido, não é verdade?

— Sim, é isso — respondeu o pirata, cuja fronte ensombreceu.

— Os cães descobriram nossa pista!

— Escute! Estão nos caçando!

❧✠◊✠◊✠❧

Pouco depois, em meio à floresta densa, escutou-se um ladrido. Certamente algum cão havia penetrado nos imensos espaços virgens da selva, e agora tentava seguir a pista dos fugitivos.

— Será só um cão, ou virá seguido de vários homens? — perguntou Yáñez.

— É possível que um negro o esteja seguindo. Um soldado não saberia caminhar por estes labirintos.

— E o que vai fazer?

— Esperar que o cachorro apareça e desfazer-me dele. Yáñez, empunhe seu cris, e esperemos.

— Em caso de perigo, podemos subir por esta árvore.

Assim, os dois piratas esconderam-se atrás do tronco de uma grande árvore, a qual estava rodeada por uma verdadeira rede de raízes e cipós.

Enquanto isso, o perdigueiro já havia encontrado as pegadas dos fugitivos, e apressava-se em impedir-lhes a fuga.

Seguindo-o de perto, estavam alguns nativos.

— Olhe! — disse, de repente, Yáñez.

Com efeito, no meio da grande floresta apareceu um cão negro, enorme, de pelo hirsuto e poderosas mandíbulas, com uns dentes terríveis. Pertencia a esta raça feroz que os plantadores das Antilhas e da América Meridional usam. O animal deteve-se por um instante, apreciando os dois piratas, com olhos que pareciam brasas. Depois, saltando como um leopardo por cima das raízes, lançou-se sobre eles, dando um pavoroso rugido.

Sandokan estava ajoelhado, mantendo o cris em posição horizontal, enquanto Yáñez agarrava a carabina pelo cano, para servir-se dela como se fosse um machado.

Dando outro salto, o terrível cão caiu sobre Sandokan, que estava mais perto, e tratou de apresá-lo pela garganta.

Com a mão direita, rápido como um raio, Sandokan cravou sua arma mortífera no ventre do animal.

Se aquela besta era feroz, o "Tigre da Malásia" não era menos.

— Creio que já estamos salvos! — disse Sandokan, ao mesmo tempo em que se levantava. — Se os ingleses não têm outros aliados para enviarem em nossa perseguição, perderão tempo miseravelmente!

— Vamos com cuidado, pode ser que alguns homens estivessem junto com este cão.

— A esta hora, já teriam disparado contra nós! Vamos, Yáñez! Corramos, antes que seja demasiado tarde!

Seguindo o antigo caminho, os dois piratas internaram-se por entre as árvores. As raízes, os arbustos, e sobretudo os cipós, haviam invadido tudo. No entanto, podia-se seguir sem grandes problemas, porque ainda havia um rastro bastante visível.

A cada passo que avançavam, tropeçavam com grandes aranhas, de gigantescas dimensões, serpentes que se afastavam precipitadamente, lançando sibilos ameaçadores, e com uma multidão de lagartos que, espantados com os homens, fugiam em todas as direções.

Entretanto, logo o caminho desapareceu, e Yáñez e Sandokan viram-se obrigados a iniciar novamente a manobra aérea entre as árvores, pondo em fuga os orangotangos, que partiam incomodados diante da presença dos homens. Estes macacos, de pelo muito negro e dotados de uma agilidade incrível, abundam em Bornéu e nas ilhas vizinhas.

Ao ver que invadiam suas possessões, os quadrúpedes nem sempre cediam de bom grado a passagem, e por vezes os intrusos recebiam uma verdadeira chuva de frutas, jogadas contra eles com extraordinária força.

Sem poder ver o sol para orientar-se, locomoveram-se assim durante horas. Quando desceram ao chão novamente, descobriram uma pequena corrente de água escura, que corria pela selva.

— Não haverá aí serpentes? — perguntou Yáñez a Sandokan.

— Talvez encontremos sanguessugas! — respondeu o pirata.

— Vamos aproveitar esta passagem?

— É melhor que continuarmos pelo alto.

— Vamos ver se a água não é muito funda.

— Não creio que tenha mais de um metro de profundidade, mas não custa nada nos assegurarmos.

O português cortou um galho e o enfiou na água.

— É verdade. Você está certo, Sandokan — disse. — Desçamos.

Depois de soltarem os galhos nos quais haviam se sustentado até então, meteram-se na água.

— Está vendo algo? — perguntou Sandokan.

Yáñez inclinou-se, tentando ver através do matagal espesso que crescia perto do pequeno rio, e que dificultava a caminhada.

— Ali abaixo, me parece que vejo um pouco de luz. — Será que a selva irá tornar-se menos densa?

— É possível.

— Pois então vamos conferir!

Agarrando-se de vez em quando aos galhos que avançavam pela corrente, caminharam com grande cuidado, temendo escorregar no limo daquele pequeno curso de água.

Ali se corria o risco de pegar-se uma febre, se não saíssem logo, pois daquela água escura desprendia-se um odor insuportável, produzido pela decomposição de folhas e frutas acumuladas no fundo do leito.

❧☙⌘☙⌘❧

Então, quando já tinham percorrido talvez um quarto de quilômetro, Yáñez deteve-se bruscamente, agarrando-se a um grosso galho que cruzava o riacho de um lado para o outro.

— O que foi? — perguntou Sandokan.

— Não está escutando?

Sandokan inclinou-se para poder escutar, e depois de alguns instantes, exclamou:

— Alguém está se aproximando!

Um poderoso rugido, que parecia lançado por um touro colérico, ressoou naquele instante sob a espessa abóbada da selva, fazendo com que a gritaria alegre dos macacos e o canto dos pássaros cessasse de súbito.

— Fique alerta, Yáñez! — disse Sandokan. — Um gorila encontra-se diante de nós!

— E quem sabe outro inimigo pior!

51

— O que está dizendo?

— Olhe ali, naquele galho grosso que atravessa o riacho.

Ficando na ponta dos pés, Sandokan olhou rapidamente.

— Ah! — exclamou, sem mostrar o menor sinal de medo. — Uma pantera de um lado, e um gorila de outro! Prepare o fuzil! Vamos ver se são capazes de fechar-nos o caminho!

V
O Ataque da Pantera

Caminhando vagarosamente, os dois terríveis inimigos se aproximavam, a magnífica pantera de Sonda, e o gorila, terrível por sua ferocidade e força prodigiosa. Não se podia dizer qual era o mais perigoso. No entanto, naquele momento não tinham intenção de atacar os dois fugitivos, já que se dirigiam um ao encontro do outro, como se quisessem medir suas forças.

A pantera, ao passar pela margem oposta de seu inimigo, lançou-se rapidamente sobre um galho grosso que caía sobre o riacho, quase horizontalmente, e que formava uma espécie de ponte.

Era uma fera magnífica. Tinha o aspecto e o tamanho de um pequeno tigre. As garras eram curtas e fortes. O pelo era amarelo escuro com manchas mais claras, e a cabeça um pouco mais redonda e menos desenvolvida.

Media aproximadamente um metro e meio; tratava-se de um magnífico exemplar. Ao contrário, seu adversário era muito feio. Sua estatura era em torno de um metro e quarenta, e seus braços, de um tamanho desmesurado.

A cara, muito larga e enrugada, tinha um aspecto de tremenda ferocidade, especialmente marcada pelos olhos, que se mexiam nervosamente e eram bem fundos. A pelagem era avermelhada.

Os indícios de uma força descomunal eram notados no peito, muito desenvolvido, nos músculos dos braços e nas pernas surpreendentemente fortes.

Estes macacos, que vivem embrenhados no interior das densas florestas, sobretudo nas regiões baixas e úmidas, são chamados pelos indígenas de "mias" ou "maias".

Utilizando grossos galhos, que colocam habilmente em forma de cruz, estes macacos constroem seus ninhos nas copas das árvores.

Geralmente são pouco sociáveis e não lhes agrada companhia. Evitam encontrar-se com os homens e mesmo com outros animais. No entanto, se algo os irrita ou ameaça, são verdadeiramente terríveis, já que, graças a sua grande força, quase sempre triunfam sobre seus adversários.

O gorila, ao escutar o rugido rouco da pantera, havia se detido repentinamente. Encontrava-se na margem oposta, diante de uma árvore gigantesca, que elevava sua copa de folhas a uma altura de quase sessenta metros.

O símio havia sido surpreendido no momento preciso de escalar a árvore para procurar alimentos. Ao distinguir seu perigoso inimigo, limitou-se a mirá-lo, mais com estupor do que com raiva, mas depois, mostrou-se irado, lançando dois ou três sibilos guturais.

— Estes dois animais estão preparando-se para o ataque — disse Yáñez, que havia evitado fazer qualquer movimento que os denunciasse.

— Neste momento não querem nada conosco — respondeu Sandokan — mas creio que nos atacariam.

— Também penso assim, meu irmão. O que acha se mudássemos de direção?

Ao olhar para as margens, procurando alguma saída, Sandokan comprovou que isto era impossível.

Dois verdadeiros muros de troncos, galhos, ramos, folhas, espinhos e raízes fechavam o curso de água. Para abrir passagem, era necessário trabalhar durante bastante tempo, com a ajuda do cris.

— Ao primeiro golpe que déssemos, a pantera e o gorila iriam se lançar contra nós e não poderíamos sair — disse. — Portanto, como a luta não será muito longa, esperemos aqui e procuremos não sermos vistos.

— Mas depois o vencedor nos atacará.

— É possível então que se encontre em tão más condições, que não consiga nos impedir o caminho.

— A pantera já se impacienta!

— E o gorila já não consegue segurar o desejo de quebrar as costelas de seu inimigo.

— Prepare o fuzil, Sandokan. Nunca se sabe o que pode acontecer.

— Estou pronto.

Suas palavras foram cortadas por um rugido espantoso, que parecia o bramido de um formidável touro.

Ao comprovar que a pantera não se decidia a abandonar o galho onde se encontrava e descer para a margem, o gorila adiantou-se de modo ameaçador, golpeando o peito com força, e dando um segundo rugido.

Dava medo ver aquele animal tão enfurecido. Sua pelagem avermelhada estava eriçada. O rosto adquiriu uma expressão de ferocidade extraordinária, e seus longos e agudos dentes rilhavam com ira.

Enquanto isso, a pantera, ao vê-lo aproximar-se, havia se encolhido sobre si mesma, como se estivesse se preparando para um salto. No entanto, não parecia ter pressa de abandonar o galho onde se encontrava.

Agarrando-se a uma raiz muito grossa, que serpenteava pelo solo, o gorila meteu-se no rio e com ambas as mãos sacudiu o galho sobre o qual estava o seu adversário, até que ele estalasse.

O golpe foi tão forte que a pantera não conseguiu manter o equilíbrio e caiu na água, apesar de ter-se agarrado fortemente ao tronco e cravado nele suas agudas garras. Mas conseguiu voltar à sua posição primitiva, em cima do galho.

Deste modo manteve-se por uns segundos, depois se arrojou sobre o gigantesco macaco, cravando-lhe as garras em suas costas e ombros.

Dando um gemido de dor, o gorila revirou-se ferozmente.

Antes que o inimigo pudesse fazer algo, a pantera, satisfeita com o resultado de tão rápido ataque, tentou voltar a subir no galho.

Usando o amplo peito do macaco como apoio, lançou-se para trás, dando uma volta soberba.

As garras cravaram-se nos galhos, com enorme força. Mas a pantera não pôde concluir o salto. Apesar das feridas, o gorila estendeu o braço com um rápido movimento e pegou seu inimigo pelo rabo. Aquelas mãos, dotadas de uma terrível força, não soltavam a pantera por nada deste mundo.

A pantera deu um gemido de dor ao sentir a força com que o macaco a apertava.

— Pobre pantera! — disse Yáñez, que seguia a luta com grande interesse.

— Já não tem salvação — exclamou Sandokan. — Se não conseguir soltar-se, não escapará com vida.

O pirata não estava equivocado. O gorila, sem soltar a cauda de sua adversária, havia saltado sobre o galho.

Reuniu todas as suas forças, levantou a fera no alto e com um ímpeto formidável a jogou contra o enorme tronco da árvore, depois de tê-la girado pelo ar como se fosse um pião.

Escutou-se então um golpe seco, como o estalar de ossos que se rompem. A pantera rodou pelo chão até deslizar pelas negras águas do riacho.

— Por Baco! Que golpe de mestre! — murmurou Yáñez.

— Não achei que ele conseguiria desembaraçar-se da pantera assim tão rápido.

— O gorila sempre vence os animais da selva, inclusive as serpentes — respondeu Sandokan.

— Espero que o orangotango não se volte contra nós agora — disse Yáñez.

57

— Neste momento está tão enfurecido, que não hesitaria em cair sobre nós, caso nos visse.

— No entanto, as condições em que ficou não são boas, porque está todo ferido.

— O melhor seria esperar que se embrenhasse na floresta.

— Parece-me que isso vai demorar.

— Mas, aqui ele já não tem nada mais a fazer.

— Mas olhe, parece haver ali uma massa escura de paus, colocados transversalmente entre os galhos e as folhas daquela árvore, que se assemelha bastante aos ninhos que eles constroem.

— Se for o caso, voltaremos para trás.

— Isso não podemos fazer, Yáñez, pois teríamos que dar uma grande volta.

— Vamos atirar contra esse gigantesco macaco, e continuarmos pelo riacho.

— É a melhor solução — disse Sandokan. — Somos hábeis atiradores e sabemos manejar o cris melhor que os próprios malaios. Mas, como há muitos galhos para desviarem as balas, o melhor é nos aproximarmos mais para não falharmos.

O gorila, enquanto isso, lavava as feridas nas margens do riacho, já que a pantera o havia ferido profundamente em várias partes do corpo. Os gemidos que lançava pareciam ter algo de humano. De vez em quando, de seus lábios partiam ferozes gemidos. Seu furor selvagem ainda era notado em meio aos seus espasmos de dor.

Rapidamente, Yáñez e Sandokan haviam se aproximado da margem oposta com o intuito de esconderem-se entre o mato no caso do gorila voltar-se contra eles, se conseguisse se safar dos tiros.

Detiveram-se atrás de um galho muito grosso que pendia sobre o riacho e ali apontaram suas carabinas para mirarem melhor. Mas, de repente, o gorila colocou-se de pé com um formidável salto, ao mesmo tempo em que apertava os dentes e golpeava o peito furiosamente.

— O que está acontecendo? — perguntou Yáñez. — Terá nos visto?

— Acho que ele não quer brigar conosco — disse Sandokan. — Será outro animal?

— Veja, aqueles galhos ali se moveram! Silêncio!

— Serão os ingleses se aproximando?

— Cale-se, Yáñez!

Cuidadosamente, Sandokan levantou-se sobre os galhos, procurando se esconder atrás de um grupo de árvores. Depois olhou na direção do gorila, na outra margem.

Alguém se aproximava, separando com precaução as folhas. Parecia dirigir-se exatamente onde estava o animal, ignorando o grave perigo que corria.

O gigantesco gorila havia percebido sua presença e havia se colocado atrás de um tronco, pronto a cair sobre aquele novo adversário. Só se escutava o ronco de sua respiração, pois ele já não gemia ou uivava.

— Mas, o que está acontecendo? — perguntou Yáñez a Sandokan.

— Alguém se aproxima do gorila, sem saber o perigo que corre.

— Homem ou animal?

— Ainda não consegui distinguir.

— E se for um pobre indígena?

— Não deixaremos que o macaco o mate! Estamos aqui! Espere! Bem que eu imaginava! Consegui ver uma mão!

— Branca ou negra?

— Negra, Yáñez! Observe o gorila!

— Estou preparado!

O gigantesco macaco lançou-se naquele preciso momento por entre a densa floresta, dando um espantoso uivo. Os galhos e folhas, arrancados pelas fortes mãos da besta, caíram, deixando ver-se um homem aterrorizado. Sandokan e Yáñez abriram fogo.

59

Ferido nas costas, o macaco voltou-se gemendo. Ao distinguir os dois piratas, deu um enorme salto e caiu no rio, sem preocupar-se com o outro homem.

Enquanto isso, Yáñez, saltando sobre os galhos, tentava carregar novamente a carabina, e Sandokan, deixando o fuzil, dispunha-se a lutar corpo a corpo com a ajuda de seu cris.

Apesar das novas feridas que tinha, o gorila lançou-se sobre Sandokan. Quando já ia lançar suas peludas garras sobre o pirata, escutou-se um grito na margem oposta:

— O capitão!

Imediatamente ressoou um tiro.

Levando as mãos à cabeça, o gigantesco macaco deteve-se.

Lançou um último olhar, repleto de ódio, sobre Sandokan, enquanto ainda permanecia de pé. Depois, estendeu os braços e caiu no riacho, levantando com sua queda uma grande massa de água.

O homem que pouco antes correra o risco de cair nas mãos do animal, sem perder um só instante, lançou-se ao rio, ao mesmo tempo em que gritava:

— Capitão! Senhor Yáñez! Como estou contente por terem matado esse gorila!

Yáñez e Sandokan haviam saltado do galho.

— Paranoa! — exclamaram os dois piratas, alegremente.

— Em carne e osso, meu capitão! — respondeu o malaio.

— O que está procurando aqui, nesta selva? — perguntou Sandokan.

— Aos senhores, meu capitão.

— E como sabia que nos encontrávamos neste lugar?

— Encontrava-me dando voltas pelos arredores, quando vi vários ingleses rondando, acompanhados de cães, e então imaginei que os senhores podiam ser os perseguidos.

— E você atreveu-se a se meter aqui sozinho? — perguntou o português.

— As feras não me metem medo!
— No entanto, esteve a ponto de ser feito em pedaços por aquele gorila!
— Ele ainda não havia me pego, e eu poderia ter metido uma bala na cabeça dele.
— Sabe se todas as embarcações conseguiram chegar? — perguntou Sandokan, ansiosamente.
— Quando saí para procurá-los, meu barco era o único que havia chegado.
— Nenhum outro?
— Não, meu capitão.
— Faz muito tempo que se afastou da embocadura do rio?
— Desde ontem de manhã.
— Será que aconteceu alguma terrível desgraça com os outros barcos? — perguntou Yáñez, olhando para Sandokan com expressão de angústia.
— É possível que a tempestade os tenha empurrado para o norte — respondeu o "Tigre".
— Talvez — disse Paranoa. — Não tinham possibilidade de resistirem ao terrível vento que vinha do sul. Por sorte eu pude resguardar-me em uma pequena baía que está situada a cem quilômetros daqui. Mas creio que a esta hora já terão chegado os outros barcos, já que eu desembarquei ontem pela manhã.
— Não estou nada tranquilo, Paranoa — disse Sandokan.
— Gostaria de estar já na embocadura do rio! Durante a tempestade, perdeu algum homem?
— Nenhum, meu capitão.
— E seu barco, teve alguma avaria?
— As poucas que teve, já foram consertadas.
— E está agora na baía?
— Não, por temermos alguma surpresa, eu o deixei em alto-mar.
— E você desembarcou sozinho?
— Sim, meu capitão.

61

— Pôde ver se os ingleses estão vigiando os arredores da baía?

— Por ali, não. No entanto, pude ver alguns nos caminhos desta espessa selva.

— Quando?

— Pela manhã.

— Para que lado?

— Em direção ao leste.

Sandokan, olhando para Yáñez, comentou:

— Certamente vinham do palacete de lorde James.

Voltando-se rapidamente para Paranoa, perguntou-lhe:

— Estamos muito longe da baía?

— Podemos chegar lá antes do anoitecer.

— Será possível que tenhamos nos afastado tanto assim? — exclamou Yáñez. — São duas da tarde! Temos um bom caminho pela frente, pelo visto.

— Senhor Yáñez, esta selva é muito grande e difícil de atravessar. Para poder chegar às passagens, necessitaremos, pelo menos de umas quatro horas.

— Vamos embora! — disse Sandokan, que parecia estar preso de viva excitação.

— Tem pressa de chegar à baía, não é?

— Exato, Yáñez. Talvez eu esteja enganado, mas temo que haja acontecido algo grave.

— Pensa que as embarcações se perderam?

— Sim. Se não se encontrarem na baía, não voltaremos a vê-las jamais.

— Por Júpiter! Isso seria um desastre para nós!

— A ruína, companheiro! — disse Sandokan, dando um longo suspiro. — Eu não sei, mas qualquer um diria que a fatalidade começa a pesar sobre nossas cabeças, como se desejasse dar um golpe mortal nos tigres de Mompracem.

— E o que iremos fazer se isso for verdade, Sandokan?
— Você me pergunta, Yáñez? O que podemos fazer? Continuar lutando! E ao fogo inimigo, responderemos com fogo! Ao ferro com ferro!

— Mas, a bordo do parau há somente quarenta homens.

— Que são como quarenta tigres, Yáñez! Ninguém poderá detê-los, e guiados por nós, serão heroicos!

— Quer cair de surpresa sobre a quinta de lorde James?

— Isso veremos mais tarde, mas juro que, ainda que tenha que lutar contra toda a guarnição de Vitória, não sairei desta ilha sem levar Mariana Guillonk. A salvação ou ruína de Mompracem, possivelmente depende desta moça. Nossa estrela está a ponto de extinguir-se, pois a vejo empalidecer cada vez mais, mas não me desespero em voltar a vê-la! O destino de Mompracem está em suas mãos, Yáñez! Ah, se ela quisesse!

— E nas suas — respondeu o português. — Mas agora, vamos procurar chegar até o rio, para ver se os outros paraus chegaram, já que agora é inútil falarmos disso.

— Sim, partamos! — disse Sandokan. — Com um reforço como esse, sinto-me já capaz de tentar a conquista de Labuán!

Seguindo a Paranoa, meteram-se por um caminho antigo que o malaio havia localizado horas antes.

Entretanto, ainda havia espaço para que os piratas avançassem sem esforço, já que as plantas e raízes não o haviam invadido por completo.

Continuaram caminhando durante cinco horas através do bosque, parando de vez em quando para descansar. Por fim, quando o sol já se punha, chegaram à margem do riacho que desembocava na baía.

Atravessando uma pequena laguna próxima ao mar, foram descendo até oeste, depois de assegurarem se que não havia nenhum inimigo à vista. Era noite fechada quando chegaram na margem.

Sandokan e Paranoa encaminharam-se até os últimos escolhos e esquadrinharam atentamente o horizonte.

— Observe, meu capitão — disse Paranoa, indicando ao "Tigre" um ponto luminoso que quase não se distinguia, e que facilmente podia ser confundido com uma estrela.

— Será o nosso parau? — perguntou Sandokan.

— Certamente, capitão. Não vê que ele está deslizando para o sul?

— Qual é o sinal que deve fazer para que ele se aproxime?

— Tenho que acender duas fogueiras na costa — respondeu Paranoa.

— Se nos dirigirmos ao ponto mais saliente da península, poderemos assinalar uma rota mais segura para a nossa embarcação — disse Yáñez.

Para chegarem ao ponto assinalado pelo português, foram por um labirinto coberto totalmente por conchas, algas e crustáceos, até que, por fim, chegaram a uma ilhota coberta de vegetação.

— Podemos acender as fogueiras aqui. Deste modo, o parau pode vir até a boca da baía sem que corra o perigo de encalhar em um banco de areia — disse Yáñez.

— E para evitar que os ingleses nos vejam, faremos com que subam o rio — disse Sandokan.

— Essa tarefa será minha — respondeu o português. — A laguna nos servirá de esconderijo, e depois de termos retirado os mastros, cobriremos o parau completamente com folhas e galhos para que não o descubram.

— Paranoa, pode dar o sinal!

Sem perder um só instante, o malaio recolheu galhos secos que se encontravam nos caminhos da floresta, e formou dois montes, separados por uma certa distância. Em seguida, tacou-lhes fogo.

Pouco depois, a luz esbranquiçada do parau desapareceu, e em seu lugar, os três piratas puderam ver brilhar um ponto vermelho.

— É o sinal de que nos viram — disse Paranoa. — Já podemos apagar as fogueiras.

— É melhor não, porque podem servir de indicação aos seus homens — disse Sandokan. — Porque nenhum deles conhece este lugar, não é verdade?

— Sim.

— Então, isso lhes servirá de guia.

Com os olhos pregados no pequeno ponto vermelho, os três piratas sentaram-se tranquilamente para esperar a embarcação, a qual já havia mudado de rumo. Dez minutos mais tarde, ela se distinguia perfeitamente.

Vista na escuridão da noite, parecia um gigantesco pássaro deslizando sobre as águas. Suas grandes velas estavam desfraldadas, e o ruído da água chocando-se contra a proa era ouvido claramente.

Em pouco tempo chegou à baía, e rumou direto para a embocadura do rio, depois de meter-se no canal.

Os três homens abandonaram a ilhota e recuaram até a margem da laguna.

Ao comprovar que a embarcação ancorava muito perto de um espesso bosque, decidiram aproximar-se dela.

Quando a tripulação ia saudá-los com uma estrondosa explosão de alegria, Sandokan ordenou-lhes que fizessem silêncio.

— É possível que nossos inimigos não se encontrem muito longe — disse-lhes. — Recomendo-lhes que guardem o mais absoluto silêncio, para que meus projetos possam realizar-se sem perigo, antes que consigam nos descobrir.

Depois, voltando-se para o segundo comandante a bordo, perguntou-lhe:

— Os dois paraus que faltam, não regressaram ainda?

— Nao, "Tigre" — respondeu o pirata. — Não os encontramos em parte alguma, apesar de que, durante a ausência de Paranoa, tenhamos percorrido todas as costas vizinhas, chegando inclusive até Bornéu.

— E o que você pensa disso?

O pirata não respondeu. Era claro que duvidava em tornar a ver os paraus.

— Responda! — disse Sandokan.

— O mais provável é que nossos barcos tenham afundado nas proximidades de Bornéu.

Sandokan não pôde reprimir um gesto de grande contrariedade. Aquilo representava uma grande perda para ele.

— Que má sorte! — murmurou surdamente. — Os tigres de Mompracem vão cair em desgraça por culpa da moça de cabelos dourados!

— Não se preocupe, irmão! — disse-lhe Yáñez, tentando consolá-lo, ao mesmo tempo em que colocava a mão em seu ombro. — Não vamos nos desesperar! Até que encontremos os destroços de nossas embarcações, não podemos ter certeza de que naufragaram. É possível que tenham sido arrastados para longe, ou que tenham sofrido grandes avarias, e viram-se obrigados a recolherem-se em algum lugar.

— No entanto, não podemos esperá-los, Yáñez. Quem nos assegura que lorde James irá ficar muito tempo em sua quinta?

— Meu amigo, por nada desse mundo desejaria isso.

— O que quer me dizer?

— Que podemos atacá-lo e tomar sua sobrinha, já que agora possuímos homens o suficiente para isso.

— Você se atreveria a fazê-lo?

— E por que não? Ainda que o lorde tivesse o dobro de soldados, não vacilaria em lutar, pois sei até que ponto chega a valentia de nossos homens. Esta noite descansaremos e amanhã poremos em prática meu plano, que certamente dará magníficos resultados.

— Tenho plena confiança em você, Yáñez.

— Obrigado, amigo.

— Mas o parau, não pode ficar aqui. Poderia ser descoberto por qualquer caçador que venha até aqui, ou mesmo por alguns dos barcos que utilizam esta baía.

— Paranoa já tem instruções a respeito disso. Não se preocupe, que já cuidei de tudo. Agora, vamos comer um pouco e depois dormir, pois confesso que me sinto exausto.

Enquanto Yáñez e Sandokan dirigiam-se para o pequeno aposento da popa, em busca de provisões, seus homens, sob a atenta direção de Paranoa, dedicavam-se a desmontar os mastros do barco.

Saciada a fome que sentiam há tantas horas, os piratas deitaram-se para descansar, mas sem nem se preocuparem em se despir.

Sandokan, pensando nos muitos problemas que se lhe apresentavam, demorou bastante para dormir; já o português, que mal conseguia manter-se em pé, caiu logo num sono profundo.

Ao amanhecer do dia seguinte, quando Sandokan voltou a subir à coberta, os piratas já haviam terminado o trabalho, de forma que a embarcação podia passar despercebida a qualquer pessoa que descesse ao longo do rio, ou aos navios que navegassem pela baía.

Haviam escondido o barco em meio ao espesso matagal situado às margens da laguna, e o haviam coberto com uma grande quantidade de folhas e galhos, colocados tão habilmente que qualquer um que passasse pelos arredores acreditaria que aquele grupo de galhos e plantas havia sido arrastado pela correnteza para aquele lugar.

— O que acha disso, Sandokan? — perguntou Yáñez, que se encontrava na ponte, sob uma pequena coberta que haviam levantado na popa.

— Uma ideia magnífica — respondeu Sandokan.

— Pois agora, acompanhe-me.

— Aonde quer ir?

— Terra firme! Ali nos esperam vinte homens.

— Mas, o que pensa em fazer, Yáñez?

— No seu devido tempo ficará sabendo de tudo.

VI

O Prisioneiro

Assim que atravessou o rio, Yáñez conduziu Sandokan até a densa floresta, onde se encontravam já emboscados e armados até os dentes, vinte homens que ele havia selecionado.

Também ali estavam Paranoa e o segundo a bordo, Ikant.

— Não falta ninguém? — perguntou Yáñez.

— Estamos todos aqui — responderam.

O português, dirigindo-se então a Ikant, disse:

— Escute com atenção tudo o que vou lhe dizer: você voltará a bordo, e qualquer coisa que ocorrer, enviará um homem que encontrará sempre a outro companheiro esperando suas ordens. A ele confiaremos nossas ordens, e você, sem o menor atraso, as porá em prática. Procure ter muita prudência. Não se deixe surpreender pelos ingleses e recorde-se que poderemos nos informar e lhe informar de qualquer coisa que ocorrer, apesar de estarmos longe.

— Estou a sua inteira disposição, senhor Yáñez.

— Agora, volte para bordo e vigie com atenção.

Ikant saltou agilmente para a canoa e dirigiu-se ao barco. Em seguida, Yáñez tomou a frente do pelotão, e começou a caminhar seguindo o curso do rio.

Sandokan, que não compreendia nada dos planos de Yáñez, perguntou-lhe:

— Onde está nos levando?

— Não se impaciente, companheiro. Em primeiro lugar, diga-me qual a distância entre a quinta de lorde James e o mar.

— Em linha reta, talvez uns cinco quilômetros.

— Se for assim, estes homens que trouxemos nos serão suficientes.

— Yáñez, o que está querendo fazer?

— Espere um pouco, Sandokan!

Apertaram então o passo, e internaram-se na floresta. Percorreram assim cerca de quatrocentos metros, até que se detiveram ao lado de uma gigantesca árvore. O português voltou-se para um dos marinheiros então:

— Este será seu posto e não o abandonará de jeito nenhum, a não ser que lhe seja ordenado. Como o rio encontra-se a quatrocentos metros, poderá comunicar-se facilmente com o parau, e até o leste e a igual distância se situará outro de seus companheiros, de forma que, quando receber alguma notícia do barco, irá comunicá-la imediatamente. Compreendeu?

— Perfeitamente, senhor Yáñez.

— Vamos, então!

Pouco depois, outro homem ficava na posição indicada.

— Está entendendo agora? — perguntou Yáñez a Sandokan.

— Sim — respondeu ele. — Com estas sentinelas em meio à selva, poderemos nos comunicar com a embarcação em poucos minutos, ainda que nos encontremos nos arredores da quinta de nosso amigo.

— Certo. E em caso de perigo, Ikant nos mandará ajuda ou armará imediatamente o parau para nos lançarmos ao mar.

— Mas e nós, onde ficaremos?

— No caminho que leva a Vitória. Dali poderemos tomar medidas mais convenientes, no caso do lorde tentar fugir sem que o saibamos, e além disso, veremos perfeitamente quem entra e sai da quinta.

— Se o lorde quiser partir, primeiro terá que se enfrentar com nossos homens, e verá como ele levará a pior.

— E se, apesar de tudo, ele não decidir partir?

— Nesse caso, atacaremos a quinta e buscaremos outro meio de libertar a jovem da vigilância de seu tio!

— Antes de a sobrinha cair em minhas mãos, lorde James é capaz de tudo. Será melhor não chegarmos a estes extremos.

— Diabos!

— Esse homem é capaz de tudo, Yáñez.

— Então, será preciso que usemos de toda a cautela.

— Tem algum plano para esse caso?

— Ainda não, mas não se preocupe: encontraremos um modo de libertá-la!

— Se esse homem tentar algo contra a vida de Mariana, será a morte do "Tigre da Malásia".

— Eu sei. Essa moça o conquistou — disse Yáñez, com um suspiro.

— Quando penso que já jurei exterminar a raça de Mariana, sinto que algo se rebela dentro de mim! Mas, deixemos que o destino se cumpra e não falemos mais disso!

— Um destino que será fatal para Mompracem! — disse Yáñez.

— É possível — respondeu Sandokan.

Naquele momento chegaram à passagem da selva. Do outro lado havia uma pequena pradaria, atravessada por um largo caminho que não parecia muito utilizado, devido ao estado em que se encontrava.

— Por este caminho chegaremos até Vitória? — perguntou Yáñez a Sandokan.

— Sim — respondeu o pirata.

— A quinta de lorde James não deve encontrar-se muito longe, então.

— Não, porque atrás daquelas árvores já se pode ver a cerca do parque.

— Perfeito! — disse o português.

Seis homens os haviam seguido, guiados por Paranoa. Yáñez voltou-se para ele, dizendo:

— Em um lugar que esteja protegido pela vegetação, procure improvisar uma pequena choça.

Não foi preciso repetir a ordem. A tenda foi colocada num local apropriado e, ao seu redor, colocaram uma cerca feita com galhos e folhas de bananeira, para protegê-la do ataque de algum animal.

Uma vez estando os víveres ali dentro, mandou que os homens vasculhassem a floresta, com cuidado, para se certificarem de que ninguém os observava.

Sandokan e Yáñez, depois de aproximarem-se uns duzentos metros da cerca do parque e olharem pelos arredores, regressaram até onde se encontravam os marinheiros, refugiando-se no interior da tenda.

— Está tudo como pensou, Sandokan? — perguntou Yáñez.

— Sim — respondeu o "Tigre da Malásia".

— Poucos metros nos separam do parque. Se o lorde tentar sair, se verá obrigado a passar muito perto de nós. Então, em menos de meia hora poderemos reunir nossos homens, de forma que tenhamos aqui toda a tripulação do parau. Se tentar sair da quinta, nós o encurralaremos!

— Sim! — exclamou Sandokan. — Estou disposto a lançar meus homens contra um regimento inteiro!

— Mas, antes de qualquer coisa, vamos comer. Este passeio matinal me abriu o apetite!

Depois do improvisado café-da-manhã, dedicaram-se a fumar tranquilamente um cigarro. Foi então que Paranoa entrou precipitadamente na tenda. Tinha o rosto preocupado e parecia preso de uma grande agitação.

— O que aconteceu? — perguntou Sandokan, levantando-se de um salto, já com o fuzil na mão.

— Alguém se aproxima. Ouvi perfeitamente o galope de um cavalo, capitão — respondeu.

— Provavelmente, algum inglês que se dirige à Vitória.

— Não, "Tigre", vem dali!

— Está muito longe? — perguntou o português.

71

— Sim.

— Acompanhe-me, Sandokan!

Ambos os homens, com os fuzis nas mãos, saíram do interior da tenda. Ao mesmo tempo, os outros seis que os acompanhavam, emboscaram-se entre o mato, dispostos ao ataque.

Sandokan dirigiu-se ao caminho e encostou o ouvido ao chão. O galope do cavalo era perfeitamente audível.

— Efetivamente, trata-se de um cavaleiro — disse Sandokan.

— Por mim, eu o deixaria passar tranquilamente — disse Yáñez.

— Nem pensar! Esse homem cairá em nossas mãos.

— Por que?

— É possível que leve alguma mensagem importante para a quinta.

— Mas, se nós o atacarmos, irá defender-se, e as detonações poderão ser ouvidas na casa.

— Nós o faremos prisioneiro sem dar-lhe tempo de fazer uso de suas armas.

— É um pouco difícil isso, não acha?

— Não, é muito mais fácil do que imagina.

— Se não me explicar, não vou entender o que quer fazer!

— O cavalo não poderá evitar um obstáculo, porque está em disparada. Então, o soldado, ou quem quer que seja, cairá da sela, e nós, que estaremos preparados, impediremos que ele faça qualquer movimento.

— E que obstáculo vai colocar?

— Paranoa, procure uma corda bem grossa, e rápido.

— Agora compreendo! E acaba de me ocorrer uma ideia! — exclamou Yáñez.

— O que? — perguntou Sandokan.

— Logo vai saber! — disse o português, sorrindo.

— Do que está rindo?
— Da brincadeira que vamos fazer com o lorde! Paranoa, apresse-se!

Ajudado por dois homens, o malaio estendeu uma corda bem resistente em parte da trilha. O mato que crescia naquele lugar a dissimulava perfeitamente.

Para impedir que o cavaleiro seguisse sua cavalgada, apesar do obstáculo, os companheiros do malaio dispersaram-se pela selva, enquanto ele escondia-se atrás de uns galhos, empunhando seu cris.

O cavaleiro aproximava-se. Logo ele apareceria na trilha.

— Lá está! — exclamou Sandokan, escondendo-se junto a Yáñez.

Um esbelto jovem, que não teria mais que vinte e três anos, vestindo um uniforme de sipaio, era quem montava o cavalo. Não parecia estar muito tranquilo, pois de vez em quando lançava olhares para o lado, como se suspeitasse de algum ataque.

— Preparado, Yáñez! — murmurou Sandokan.

O cavalo corria rapidamente em direção à corda. De repente, movendo desordenadamente as patas, caiu ao chão. Sem esperar um só instante, os piratas lançaram-se sobre o cavaleiro. Antes que o sipaio conseguisse sair de debaixo do cavalo, Sandokan o desarmou.

— Miseráveis! — exclamou o soldado, esperneando enquanto o prendiam.

Fortemente atado por Inioko, foi levado para o interior da floresta, enquanto Yáñez examinava para ver se o cavalo não tinha quebrado alguma pata.

— Mas, é um sargento dos sipaios! — exclamou o português. — Que sorte tivemos!

Sandokan o estava revistando quando Yáñez aproximou-se.

— Não trazia nada? — perguntou.
— Não encontrei nenhuma carta.
— Então, ele irá nos contar — disse Yáñez.
— Jamais! — respondeu o soldado.
— Isso é o que veremos! — disse Sandokan, ameaçando-o. — Para onde estava indo?

— Estava só passeando.

— Responda!

Aparentando uma tranquilidade que não sentia, o jovem sargento disse:

— Já falei!

— Prepare-se então!

Sandokan colocou o cris na garganta do jovem:

— Se não me responder, eu vou matá-lo!

— Nunca! — exclamou o sargento.

O inglês deu um grito de dor quando o cris começou a perfurar sua carne.

— Basta, eu vou falar! — murmurou o prisioneiro, que estava pálido.

— Para onde você estava indo? — perguntou Sandokan.

— Para a quinta de lorde James Guillonk.

— Qual o assunto?

O sargento vacilou alguns instantes, como se não quisesse responder, mas ao ver que de novo o pirata ameaçava-o com o cris, respondeu:

— Levava uma carta do baronete William Rosenthal.

Ao escutar aquele nome, um relâmpago de ira brilhou nos olhos de Sandokan.

— Entregue-me esta carta! — ordenou o pirata.

— Está escondida sob a sela do cavalo.

Yáñez não esperou que ele repetisse.

— São coisas passadas! — disse ele, depois de ler a carta.

— O que este baronete escreveu? — perguntou Sandokan.

— Adverte ao lorde que nosso desembarque em Labuán não tardará muito, porque um dos navios viu nossos barcos navegando por perto, e portanto, recomenda-lhe que redobre a vigilância.

— Não diz mais nada?

— Bom, saúda muito respeitosamente a sua querida Mariana, e manda-lhe um juramento de fidelidade eterna.

— Pobre dele se cair em minhas mãos! Não vai escapar!

— Inioko, mande alguém ao parau, para me trazer papel, pena e tinta o mais rápido possível — disse o português, que olhava atentamente para a missiva.

— O que irá fazer? — perguntou Sandokan, assombrado.

— No plano que armei, isto será fundamental para sua execução — respondeu.

— Mas, de que plano está falando? Explique tudo de uma vez!

— Vou à quinta de lorde James.

— Você?

— Sim, eu em pessoa — respondeu Yáñez tranquilamente.

— E como o fará?

— Você verá como ficarei elegante com o uniforme deste sipaio.

— Agora começo a entender! Vai se vestir de sipaio e fingir que está vindo de Vitória...

— E então, recomendo ao lorde que se ponha a caminho imediatamente, para cair na armadilha que nós preparamos.

Ao escutar isso, Sandokan abraçou fortemente o português, dizendo:

— Ah, Yáñez!

— Acalme-se, ou senão vai me quebrar o braço.

— Eu lhe serei eternamente devedor, se conseguir realizar nosso propósito.

— Vamos tentar sair deste apuro em que nos metemos da melhor maneira possível.

— Mas, para que deseja este papel que pediu?

— Vou escrever uma carta ao lorde.

— Ele é um homem perspicaz, e se notar alguma diferença na letra, pode mandar fuzilá-lo. Peço-lhe que não faça isso.

75

— Tem razão, Sandokan. Será melhor que eu... transmita de viva voz a mensagem do baronete. Mande tirar a roupa do prisioneiro.

Dois dos piratas, a um sinal de Sandokan, despojaram o sipaio de suas roupas.

— Vão me matar? — perguntou ele, acreditando estar completamente perdido.

— Sua morte não nos traria nenhum benefício, então, poupo-lhe a vida — respondeu Sandokan, — mas enquanto nós permanecermos aqui, você será prisioneiro em nossa embarcação.

O português estava se vestindo, apesar do uniforme estar um pouco apertado.

— Nunca pensei que faria tão boa figura num uniforme! — comentou, pegando o sabre.

— Parece realmente um autêntico sipaio — respondeu Sandokan, rindo. — E agora, dê-me as instruções necessárias.

— Com todos os homens disponíveis que restarem, continue emboscado por esta picada. Mas não se afaste daqui. Direi ao lorde que os ataquei, e que estão dispersos pela floresta, e que, como se viram mais embarcações piratas, lhe aconselharei que vá refugiar-se em Vitória, aproveitando esta oportunidade.

— Perfeito!

— Ataque a escolta quando passarmos, e não se preocupe com Mariana. Eu a protegerei e a levarei ao parau. De acordo?

— Tenho confiança em você! Que Deus o proteja!

— Até a vista, irmão! — respondeu Yáñez, abraçando-o.

E o português saltou agilmente sobre o cavalo, desembainhou o sabre e partiu a galope.

VII
YÁÑEZ NA QUINTA

Sem dúvida alguma, a missão do português era das mais audazes e arriscadas que aquele valente pirata havia empreendido em sua atribulada vida, pois uma só palavra, a mais leve suspeita, bastaria para pôr sua vida em grande perigo.

Apesar disso, ele confiava em seu sangue-frio, e sobretudo, em sua boa estrela, que nunca lhe havia falhado.

Depois de acomodar-se bem na sela, arrumou o bigode para parecer ainda mais arrogante. Então, inclinou-se sobre o cavalo e o esporeou, lançando-se a galope em direção à quinta.

Depois de duas horas de cavalgada sem descanso, encontrou-se diante de um portão de ferro, atrás do qual se levantava a formosa quinta de lorde James.

— Quem vem lá? — perguntou um soldado que se encontrava escondido atrás de um tronco.

— Jovem, abaixe o fuzil, porque eu não sou nem um pirata, nem um tigre! — respondeu Yáñez, detendo o cavalo. Não está vendo que sou um amigo, e além disso, seu superior? Por Júpiter!

— O senhor me perdoe! É que recebi ordens de nao deixar ninguém passar sem saber de onde vem e o que deseja.

— Muito bem! Venho ver lorde James, enviado pelo baronete William Rosenthal.

— Passe!

Depois de dar a ordem de entrada aos outros sentinelas, o guarda colocou-se de lado e deixou o pirata passar.

— Quantas precauções e quanto medo há por aqui! — exclamou o português.

Quando chegou à entrada do palacete, deteve seu cavalo e desmontou em meio a seis soldados que estavam de guarda.

— Onde encontro lorde James?

— Em seu escritório — respondeu o sargento que comandava aqueles homens.

— Preciso vê-lo, o mais urgente possível. Leve-me até ele.

— Está vindo de Vitória?

— Exatamente.

— E não tropeçou nos piratas de Mompracem?

— Não vi ninguém. Neste momento, esses bandidos devem ter algo mais importante para fazer, antes de aproximarem-se daqui. Depressa, leve-me até lorde James!

— Acompanhe-me!

Com todo seu sangue-frio, o português dispôs-se a seguir o sargento, imitando a rigidez e a calma da raça anglo-saxônica.

— Espere um momento — disse, depois de ter entrado num pequeno salão.

Yáñez olhou atentamente para todos os lados, registrando todo o ambiente para o caso de ter que fugir. No entanto, teve que desistir da ideia, porque as portas eram resistentes e as janelas bem altas.

— Apesar de tudo, iremos lutar na floresta!

O sargento entrou naquele momento.

— O lorde o está esperando — disse, indicando-lhe uma porta que estava meio entreaberta.

Um estremecimento percorreu até os ossos do português. "Procure ser prudente, Yáñez!", pensou consigo mesmo.

Com a mão direita no bolso, entrou no escritório. Tratava-se de um gabinete muito bem decorado. No centro, encontrava-se o lorde, com o semblante carregado de ira, e atrás, uma ampla mesa de trabalho.

Silenciosamente observou a Yáñez, como se quisesse adivinhar o que pensava o recém-chegado. Secamente, perguntou em seguida:

— De onde o senhor está vindo?

— De Vitória, milorde — respondeu firmemente o português.

— Da parte do baronete?

— Exatamente.

— Ele enviou algum recado para mim?

— Sim, milorde.

— Então diga logo!

— Trata-se do seguinte: o "Tigre da Malásia" encontra-se rodeado por nossas tropas em uma baía do sul.

Com os olhos brilhantes e o rosto radiante de alegria, o lorde levantou-se.

— É verdade o que você me diz? — perguntou lorde James.

— Sim. Parece que a sorte deste bandido acabou.

— Está certo do que está me dizendo? — voltou a perguntar lorde James, que não conseguia acreditar na notícia.

— Estou certo, milorde.

— E o senhor, quem é?

— Um parente do baronete William Rosenthal.

— Faz muito tempo que se encontra em Labuán?

— Há pouco mais de quinze dias.

— Então o senhor sabe que minha sobrinha...

— Eu sei. Está prometida ao meu primo William...

Estendendo-lhe a mão, o lorde exclamou:

— É um prazer conhecê-lo. Mas, diga-me, quando encurralaram este pirata?

— Ao amanhecer de hoje, quando ele, chefiando um grupo de piratas, tentava cruzar um bosque.

— Ontem a noite estava aqui. Como é possível que tenha conseguido percorrer este caminho tão extenso? Esse homem deve ser um demônio!

— Segundo me disseram, ia a cavalo.

— Muito bem. E onde se encontra o meu bom amigo William?

— No comando das tropas.

— O senhor estava com ele?

— Sim, milorde.

— E os piratas estão longe daqui?

— Um vinte quilômetros da quinta somente, senhor.

— E você recebeu alguma mensagem para mim?

— Sim. William pede que deixe a quinta, e que vá para Vitória o mais rapidamente possível.

— Por que? — perguntou lorde James.

— O senhor sabe bem a espécie de homem que é esse "Tigre da Malásia". Está acompanhado de oitenta piratas ou mais, os quais poderiam vencer facilmente as nossas tropas, e alcançar a quinta em pouco tempo.

Lorde James encarou Yáñez, como se a explicação dele o houvesse afetado profundamente, e como se falasse consigo mesmo, comentou:

— Poderia acontecer isso, realmente. Ficarei mais seguro com a proteção dos navios e dos fortes de Vitória. Tem razão o meu caro William. Vai ser agora que arrancarei minha sobrinha desta paixão que sente por este pirata, e ela vai ter que me obedecer e casar com o homem que eu escolhi!

Involuntariamente, Yáñez levou a mão à empunhadura do sabre, mas conteve-se.

— Milorde — disse — tenho a sua permissão para ver sua sobrinha?

— Está trazendo algum recado de William?

— Sim, milorde.

— Muito bem, mas advirto-lhe que a acolhida não será das melhores.

— Isso não importa! — respondeu sorridente Yáñez. — Irei lhe dizer somente o que o meu primo me comunicou e partirei.

Lorde James chamou então um criado, o qual, imediatamente apareceu na porta.

— Acompanhe o sargento aos aposentos da senhorita — disse o lorde.

— Muito obrigado! — disse Yáñez, despedindo-se do lorde.

— Veja se o senhor consegue convencê-la, e depois volte. Comeremos juntos e trocaremos impressões.

Depois de apertar a mão do lorde, Yáñez seguiu o criado, o qual o introduziu em um pequeno salão decorado com numerosas plantas que exalavam fragrantes aromas, e acarpetado de azul.

Uma vez tendo partido o criado, avançou lentamente pela sala até descobrir uma elegante figura vestida de branco.

Yáñez não pôde conter um movimento de admiração ao contemplar aquela esplêndida jovem.

Estava deitada em uma otomana oriental, bordada de seda e ouro, e dedicava-se a arrancar nervosamente as folhas e flores que se encontravam ao seu alcance.

Seu semblante era muito pálido e seus lindos olhos azuis, normalmente tranquilos, mostravam naquele momento uma cólera que ela apenas conseguia conter.

Ao ver a figura de Yáñez, como que despertando de um sonho, esfregou os olhos várias vezes, e depois o olhou interrogativamente:

— O que o senhor está fazendo aqui? Quem lhe deu permissão para entrar? — perguntou em tom de desagrado.

— Seu tio, milady — respondeu Yáñez.

— O que é que você deseja?

— Agora, só que me responda uma pergunta — disse ele, olhando em volta, para assegurar-se que estavam sós.

— Qual?

— A senhora sabe se alguém pode nos escutar?

Como se quisesse adivinhar o motivo daquela pergunta, a moça franziu a testa e o olhou atentamente. E depois de alguns segundos, respondeu:

— Estamos completamente sós.

— Então, milady, posso dizer-lhe que venho de muito longe.

— De onde?

— Venho de Mompracem!

Como se fosse de mola, a jovem pôs-se de pé rapidamente, ao mesmo tempo em que seu rosto adquiria uma estranha palidez.

— De Mompracem! — disse então, ruborizando-se. — Estranha-me e muito que o senhor seja um branco, um inglês!

— Está completamente equivocada, lady Mariana. Não sou inglês, e sim português. Eu sou Yáñez.

— O amigo de Sandokan! Não compreendo como pôde entrar na quinta! Mas, diga-me: o que aconteceu a Sandokan? Onde ele está? Está ferido, ou conseguiu salvar-se?

— Não fale tão alto, milady. As paredes têm ouvidos.

— Diga-me como está Sandokan, por favor!

— Sem termos nos cansado muito, e sem sofrermos o menor ferimento, pudemos escapar da perseguiçao dos soldados. Neste momento, Sandokan está preparando um plano para resgatá-la, escondido próximo ao caminho que leva a Vitória.

— Graças meu Deus, por tê-lo protegido! — exclamou a jovem, com o rosto banhado em lágrimas.

83

— Agora me escute, milady.

— Diga, meu amigo!

— Estou aqui para recomendar ao lorde que vá a Vitória.

— Vitória? Mas ali, como poderei me reunir a Sandokan? — perguntou a jovem.

— Ele preparou uma tocaia com seus homens, para resgatá-la assim que sairmos da quinta — disse Yáñez, sorrindo.

— E o que acontecerá ao meu tio?

— Asseguro-lhe que sua vida não correrá perigo.

— Será possível?

— Sim, milady.

— E Sandokan pensa em me levar para onde?

— Para Mompracem.

A moça deixou a cabeça pender sobre o peito, calando-se.

— Não tenha medo, milady! — disse Yáñez, com voz grave. — Sandokan foi um homem terrível, talvez até cruel, mas o amor o mudou radicalmente, e juro-lhe que não se arrependerá em ser a mulher do "Tigre da Malásia".

— Eu sei — respondeu a jovem. — Não me importo com o que ele fez no passado. Ele me ama e fará por mim tudo o que eu pedir. Eu abandonarei esta ilha e ele a sua, e juntos partiremos para algum lugar deste mundo, onde possamos viver com tranquilidade. Ali, ninguém saberá que o antigo "Tigre da Malásia" é o marido da "Pérola de Labuán". Eu serei sua esposa, e nunca deixarei de amá-lo!

— Milady! — exclamou Yáñez, emocionado. — Diga-me o que posso fazer para deixá-la sã e salva junto ao meu irmão, ao meu amigo Sandokan!

— Só o que fez, trazendo-me notícias dele, já me torna eternamente agradecida ao senhor.

— Isso não é o bastante. Para que Sandokan possa levar a cabo o seu plano, é necessário que seu tio vá refugiar-se em Vitória.

— E cabe a mim fingir que não quero sair desta quinta por nada deste mundo.

— Tem toda razão. E eu tenho que dissipar as últimas dúvidas de seu tio, para que ele resolva partir imediatamente para Vitória.

— Tome cuidado para que ele não suspeite do senhor. Ele sabe que Sandokan tem um amigo da raça branca.

— Terei prudência.

— O meu tio o espera?

— Sim. Convidou-me a comer com ele.

— Pois vá, não deixe que ele se impaciente.

— Voltarei a vê-la?

— Sim, mais tarde.

— Adeus, milady — disse Yáñez, beijando-lhe a mão cavalheirescamente.

— Não o esquecerei jamais! Obrigado por ter feito isso por nós!

VIII

A EMBOSCADA

Ao sair da sala, Yáñez encontrou lorde James, que passeava pelo aposento com os braços cruzados sobre o peito e com o cenho franzido.

— Qual foi a acolhida de minha sobrinha? — perguntou-lhe.

— Creio que não gosta de ouvir falar muito de meu primo. Faltou pouco para que ela me expulsasse dali.

O cenho de lorde James ficou ainda mais carregado ao escutar aquilo.

— Sempre igual! — murmurou.

Encerrado em um profundo silêncio e agitando nervosamente as mãos, começou a caminhar novamente pelo aposento.

Detendo-se diante de Yáñez, que o olhava sem esboçar a menor reação, perguntou-lhe:

— O que o senhor faria se estivesse em meu lugar?

— O que lhe disse antes, milorde. Creio que o mais conveniente para os senhores seria irem para Vitória.

— Está certo! O senhor acha que minha sobrinha chegará a amar seu primo William?

— Antes, é preciso que o "Tigre da Malásia" desapareça. Depois, talvez...

— Matar o "Tigre da Malásia"? Mas como?

— William é o comandante da tropa, e não creio que ele vá deixar escapar esta presa.

— Disso não tenho dúvidas. Conheço bem este jovem.

Depois de refletir alguns momentos perto da janela, lorde James falou novamente a Yáñez:

— Então, o senhor aconselha-me a partir?

— Sim, milorde — respondeu ele. — É uma boa ocasião.

— Será que Sandokan não previu esta possibilidade e deixou alguns homens vigiando os arredores do parque? Segundo eu soube, um homem chamado Yáñez, tão audaz quanto ele, sempre o acompanha.

Dando um rápido olhar para o lorde, o pirata disse:

— A escolta que o senhor possui é suficientemente forte para poder rechaçar qualquer ataque, ainda que eles tentem surpreendê-lo.

— Não tenho tantos homens aqui. O senhor sabe que a guarnição da ilha não é muito numerosa, e tive que enviar ao governador de Vitória vários homens, porque ele precisava deles urgentemente.

— Certo, milorde.

Possuído por uma certa agitação, o antigo capitão voltou a caminhar pelo aposento. Um grave pensamento parecia atormentá-lo.

De repente, voltou-se bruscamente para o português, e perguntou-lhe com o semblante atemorizado:

— O senhor não encontrou ninguém enquanto vinha para cá?

— Não, milorde.

— Não viu nada suspeito?

— Absolutamente nada.

— Nesse caso, podemos tentar a retirada.

— Eu acho que sim.

— Apesar de tudo, hesito em fazê-lo.

— O que teme, milorde?

— Que estes malditos piratas tenham escapado!

— Eu não tenho medo desta gente, milorde. Deseja que eu faça um reconhecimento dos arredores?

— Gostaria muito. Quer que providencie uma escolta?

— Prefiro ir só, milorde. Se formos muitos, será mais difícil iludir a vigilância de alguma sentinela, e ao contrário, se for só, poderei ocultar-me melhor por entre a floresta.

— O senhor tem razão. Quando quer sair?

— Imediatamente. Posso percorrer um bom pedaço nestas horas que faltam para escurecer.

— Mas o sol está a ponto de pôr-se!

— É melhor assim. Será mais fácil que eu me oculte..!

— O senhor não tem medo?

— Não temo ninguém quando estou com armas.

— O senhor é um valente! Leva o sangue dos Rosenthal. Pode partir, mas o espero para o jantar!

— Obrigado, milorde. Dentro de duas horas estarei de volta.

Depois de uma saudação militar, Yáñez saiu do aposento caminhando lentamente.

— Vamos procurar Sandokan! — disse, quando já se encontrava longe. — Quem iria pensar que as coisas sairiam tão bem! Vou fazer uma rápida exploração! É claro que não encontrarei nenhum rastro dos piratas! Meu irmão se casará com esta moça loira e serão felizes, finalmente. Que bom gosto tem este safado! Mas, o que será de Mompracem, uma vez tendo tudo isto terminado? Se a coisa ficar perigosa, irei viver em Macau, ou qualquer cidade do Extremo Oriente, e me despedirei para sempre destes lugares.

O valente português foi monologando até que chegou a uma das cancelas, onde se deteve.

Um soldado encontrava-se ali.

— Amigo, abra! — disse.

— Está indo, sargento?

— Só vou explorar os arredores.

— E não encontrará os piratas?

— Não estão por estes lados.

— Deseja que eu o acompanhe?

— Não é necessário. Dentro de poucas horas estarei de volta.

Depois de cruzar a cancela, encaminhou-se até o caminho que conduzia a Vitória. Enquanto estava sob as vistas da sentinela, caminhou com lentidão mas, quando ficou fora de seu alcance, internou-se no bosque, apertando o passo.

Ainda não havia percorrido um quilômetro, quando um homem de repente lançou-se de uma árvore, cortando-lhe o caminho. Apontava-lhe um fuzil, ao mesmo tempo em que, ameaçadoramente, dizia:

— Se não se render, eu vou matá-lo!

— Não me reconheceu? — perguntou Yáñez, desmontando. — Está ficando velho, meu caro Paranoa!

— Senhor Yáñez! — exclamou.

— Ele mesmo. O que está fazendo aqui, nos arredores da quinta de lorde James?

— Vigiava a cerca.

— E Sandokan, onde se encontra?

— Há quase dois quilômetros daqui. São boas as notícias que nos traz, senhor Yáñez?

— Melhores não poderiam ser!

— O que devo fazer, então?

— Vá dizer a Sandokan, o mais rápido possível, que eu o espero aqui. Diga também a Inioko que deixe a embarcação preparada, porque logo precisaremos dela.

— Iremos partir?

— Talvez esta noite...

— Então, vou correndo!

— Espere um momento! Os outros paraus chegaram?

89

— Não, senhor Yáñez. O mais certo é que tenham se perdido.

— Que má sorte tivemos! Mas para eliminar a escolta do lorde, nos sobrará gente! Vá depressa, Paranoa!

— Sou capaz de ser mais rápido do que um cavalo a galope.

Com a velocidade de uma flecha, o pirata saiu em busca de Sandokan. Enquanto isso, Yáñez deitou-se tranquilamente sob uma esplêndida árvore e dispôs-se a fumar um cigarro.

Apenas havia passado meia-hora, quando viu aparecer Sandokan. Paranoa e quatro piratas mais o acompanhavam.

— Meu amigo! — exclamou Sandokan. — Não sabe o que sofri por sua causa! Conseguiu vê-la? Diga-me algo! A curiosidade me deixa louco!

— Como pode ver, cumpri bem meu papel como se fosse um verdadeiro inglês, fazendo-me passar pelo primo desse baronete malandro. Ninguém duvidou nem por um só momento da minha pessoa. Precisava ver a recepção que tive!

— Quer dizer que o lorde não suspeitou de nada? — perguntou Sandokan.

— Nada! E ainda está me esperando para jantar.

— E você viu Mariana?

— Sim. Ela é muito linda. Quando a vi chorar...

— Você a viu chorar? — perguntou Sandokan, torturado. — Diga-me quem a fez derramar estas lágrimas, que quando ele cair em minhas mãos, não vai ficar vivo! Yáñez, conte-me absolutamente tudo, peço-lhe!

Sem que precisasse repetir o pedido, o português contou-lhe tudo o que havia acontecido.

— Eu creio que o velho está decidido a proteger-se em Vitória — disse. — Se é assim, você não irá só para Mompracem. Mas tenha um pouco de paciência, porque primeiro teremos que lutar contra a escolta, que irá defender-se até o último momento. Além disso, o velho não me inspira muita confiança. Seria capaz de matar a sobrinha antes que ela fosse sua!

— Voltará a vê-la esta noite?

— Certamente.

— Se eu pudesse entrar naquela quinta, com você!

— Seria uma loucura!

— E quando eles partirão para Vitória?

— Não é certo ainda, mas creio que não passe desta noite!

— Esta noite?

— É o mais provável.

— Como poderemos ficar sabendo disso?

— Só há um modo de sabê-lo. Um dos nossos homens deve esconder-se no quiosque chinês ou na estufa, e esperar ali as ordens que eu mandar.

— Mas devem ter sentinelas vigiando o parque.

— Só os vi nas cancelas — respondeu o português.

— E se eu fosse?

— Não é possível, Sandokan. Você não deve deixar o esconderijo. Sua presença é necessária aqui, porque o lorde pode querer adiantar a partida.

— Neste caso, mandarei Paranoa. É um homem prudente, e chegará lá sem que o descubram.

Depois de alguns momentos de silêncio, perguntou:

— O que aconteceria se o lorde mudasse de ideia e decidisse permanecer mais um tempo na quinta?

— Seria um mau negócio!

— Nesse caso, você poderia nos abrir a porta uma noite e deixar-nos passar. Seria um bom plano. Não acha?

— Acho muito difícil. Como a guarda é numerosa, poderiam fazer fortes nos aposentos e opor resistência. E se o lorde visse que não poderia fazer nada, toda a sua ira cairia sobre a pobre jovem. Sandokan, esse velho é perigoso!

— Sim! — disse ele, dando um suspiro.

— Não se impaciente, meu amigo!

— Vá tranquilo, Yáñez. No entanto, se não decidirem logo, tentarei um assalto desesperado. É preciso que a resgatemos antes que saibam em Vitória que nos encontramos por estes lados. Se perdêssemos a ilha, o que seria de nós?

— Farei todo o possível para convencer o lorde a sair o quanto antes. Tenha o parau preparado e toda a tripulação. Será preciso reduzir o quanto antes a escolta do velho, sem dar lugar a que tomem a defensiva. Isso seria fatal para nós.

— Lorde James tem muitos soldados?

— Por volta de uma dúzia, e outros tantos nativos.

— São poucos. A vitória será certa.

Dando por encerrada a conversa, Yáñez levantou-se.

— Já vai voltar? — perguntou Sandokan.

— Um capitão de navio que convida um sargento para jantar, não deve esperar — respondeu sorrindo o português.

— O que eu não daria para estar em seu lugar!

— Mas não para jantar, não é amigo? Não se preocupe que poderá ver a jovem amanhã, e com toda a tranquilidade.

— Assim o espero — disse Sandokan. — Vá, e tente convencê-lo!

— Encontrarei Paranoa dentro de duas ou três horas.

— Eu esperarei até a meia-noite.

Depois de um forte abraço, separaram-se.

Yáñez acendeu um cigarro e, caminhando lentamente, dirigiu-se de novo à quinta. Enquanto isso, Sandokan e seus homens voltavam para a espessa floresta.

O português passeou pelo parque, porque ainda não era a hora de apresentar-se diante do lorde para jantar com ele.

De repente, numa curva do caminho, encontrou-se com Mariana, que parecia procurá-lo.

— Oh, milady! Que sorte! — exclamou Yáñez, inclinando-se em respeitosa reverência.

— Eu o estava procurando — respondeu a jovem.

— Aconteceu algo?

— Sim. Dentro de cinco horas sairemos para Vitória.

— Seu tio é quem lhe disse?

— Sim.

— Bem. Sandokan já está preparado, com seus homens.

— Deus meu! — murmurou a jovem, cobrindo o rosto com as mãos.

— Não tema, senhorita. É preciso ter coragem nestes momentos.

— E meu tio? Irá me maldizer quando souber de tudo!

— Mas Sandokan a fará a mais feliz de todas as mulheres!

Mas pela face da jovem escorriam lágrimas lentamente.

— Está chorando? — disse Yáñez. — Ora, não chore, senhorita Mariana!

— Tenho medo, Yáñez!

— De Sandokan?

— Oh, não! Temo o que possa acontecer! Estou com maus pressentimentos...

— O futuro está cheio de promessas de felicidade, porque Sandokan fará tudo o que quiser. Eu sei até que ele está disposto a abandonar sua ilha de Mompracem, e com ela todo o seu poder. Para esquecer sua vingança, dispersar seu bando e queimar seus próprios paraus, ele só precisa de uma palavra sua.

— Isso quer dizer que ele me ama muito.

— A extremos inimagináveis, milady.

— Mas, diga-me. Quem é esse homem? De onde veio?

— Escute-me, Mariana — disse Yáñez, oferecendo-lhe o braço. — Quase todos creem que Sandokan é um pirata vulgar, saído das selvas de Bornéu. Mas se equivocam, não é um pirata, mas sim um homem de sangue real. Tinha vinte anos quando subiu ao trono de Muluder, reino que se encontrava perto das costas setentrionais de Bornéu. Audaz como um tigre, forte como um leão e valente até a imprudência,

93

não tardou em vencer todos os povos vizinhos, estendendo as fronteiras de seu reino até o de Varauni e o rio Koti.

O português fez uma pausa que aproveitou para observar ao seu redor.

— Aquelas campanhas — prosseguiu em voz baixa — foram-lhe fatais. Os ingleses e holandeses sentindo-se ameaçados com aquela nova potência, que parecia ir subjugar a ilha inteira, decidiram aliar-se ao sultão de Bornéu para derrotar aquele audaz guerreiro. Com o ouro a princípio e depois com as armas, acabaram por destruir o novo reino de Muluder. Depois de sublevar vários povos, os traidores pagaram a bandidos para que assassinassem a mãe e os irmãos de Sandokan. Ao mesmo tempo, poderosos bandos invadiam o reino por vários lugares, comprando os chefes e as tropas, saqueando, assassinando e cometendo atrocidades espantosas. Sandokan lutou em vão com o furor do desespero, batendo em uns e derrubando a outros. Mas a traição chegou até ao palácio, não tardando a cair toda a sua família sob as armas dos assassinos, que os brancos haviam pago. Ele mesmo, em uma noite de horror e luta, conseguiu salvar-se milagrosamente, seguido de um pequeno grupo de fiéis.

Yáñez interrompeu-se novamente, como se temesse molestar com seu relato a Mariana, mas ao ver que esta o acompanhava com grande interesse, prosseguiu:

— Durante vários anos Sandokan andou errante pelas costas setentrionais de Bornéu, passando fome e enfrentando dificuldades, e perseguido como uma besta. Mas ele só esperava reconquistar seu trono perdido e vingar sua família. Por fim, uma noite, já tendo perdido a esperança em tudo e em todos, embarcou em um parau, jurando guerra e morte à raça branca e ao sultão de Varauni. Quando chegou a Mompracem, tomou homens a soldo e começou sua andança pelo mar. Estava ávido de vingança e era forte e valente. Por isso, não tardou em assaltar os navios ingleses e holandeses, não lhes dando trégua, e devastando as costas do sultanato. Converteu-se, então, no terror dos mares, e daí o seu nome "Tigre da Malásia". O resto, você já sabe.

— Quer dizer que ele só queria vingar sua família? — exclamou a jovem, com os olhos arregalados de surpresa.

— Sim, Mariana, um vingador que com frequência chora a morte de sua mãe e seus irmãos, sacrificados pelo furor dos assassinos. Um vingador que jamais cometeu atos infames, que sempre respeitou os fracos, as mulheres e os meninos. Que saqueia seus inimigos, não por sede de riquezas, mas sim para levantar um exército e reconquistar seu reino perdido.

— Obrigado Yáñez! Você não imagina quanto me fez bem estas palavras!

— E agora, está decidida a seguir Sandokan?

— Sim. Porque o amo tanto, que sem ele minha vida não teria sentido.

— Voltemos para a quinta, então. Deus velará por nós.

O português conduziu a jovem até o palacete, e dirigiram-se para a sala de jantar, onde estava lorde James, dando nervosos passeios. Tinha a cabeça inclinada sobre o peito, como que abatido e preocupado, e parecia tão sombrio como antes.

— O senhor já está aqui? Quando o vi sair do parque, temi que alguma desgraça lhe ocorresse.

— Quis assegurar-me pessoalmente de que não há perigo, senhor— disse Yáñez, com tranquilidade.

— E não viu nenhum destes piratas de Mompracem?

— Não senhor. Podemos ir para Vitória com toda a tranquilidade.

Lorde James ficou em silêncio durante um momento, e então, voltando-se para Mariana, disse-lhe:

— Sabe que vamos para Vitória?

— Sim — respondeu ela, desafiadoramente.

— E virá conosco?

— Resta outra solução? Sei bem que seria inútil eu me recusar.

— Melhor que pense assim. Pensei que teria que levá-la a força.

— Senhor...!

Yáñez viu relampear uma luz ameaçadora nos belos olhos da jovem, mas permaneceu imóvel e em silêncio, ainda que tivesse um grande desejo de atacar lorde James.

— Ora! — respondeu este com ironia. — Acaso já não ama este pirata imundo, já que concorda em ir para Vitória?

— Cale-se! — exclamou Mariana, com uma firmeza que espantou seu tio.

Por um instante, ambos ficaram em silêncio, encarando-se como dois inimigos que se estudassem antes do embate.

— Não venha com ideias! — disse o lorde, furioso. — Ou faz o que eu lhe ordeno, ou você verá! E não se esqueça que eu prefiro vê-la morta a que seja mulher deste cão chamado Sandokan!

— Atreva-se a me tocar!... — disse ela, aproximando-se de seu tio com ar ameaçador.

— Quer chamar-lhe a atenção? É inútil, querida. Já sabe que sou inflexível. Anda, vá preparar-se para a partida.

Mariana trocou um rápido olhar com Yáñez e saiu do aposento, fechando a porta com força atrás de si.

— O senhor viu? — disse o lorde. — Ela está enganada se pensa que pode me desafiar. Eu a faria em pedaços!

Yáñez não respondeu. Limitou-se a sacudir a cabeça e a enxugar o frio suor que banhava sua fronte. Continha-se para não pegar o sabre. Teria dado sua vida com gosto, só para desfazer-se daquele homem abominável.

O jantar transcorreu em um ambiente silencioso e tenso. O lorde apenas tocou no jantar, mas o português devorou todos os diversos manjares que serviram, como um homem que não sabe quando e onde poderá voltar a comer novamente. Ao terminar a refeição, entrou um soldado.

— Diga aos soldados — ordenou lorde James — que se preparem para a partida.

— A que horas sairemos?

— Por volta da meia-noite.

— A cavalo?

— Sim. E advirta a todos que tenham os rifles preparados.

— Iremos todos? — perguntou Yáñez, quando o cabo saiu.

— Menos os quatro homens, que ficarão aqui.

— A escolta é muito numerosa?

— Vinte homens, aproximadamente. Dez ou doze soldados e uns dez nativos.

— Então, não temos nada a temer, senhor.

— Bem se vê, meu jovem, que o senhor não conhece os piratas de Mompracem! Não seria tão fácil a vitória, se nós os encontrássemos...!

— Permita-me que vigie os preparativos.

— Sim, pode ir.

Yáñez saiu da sala, e enquanto descia as escadas, murmurou:

— Tenho que prevenir Paranoa, para que assim Sandokan possa preparar bem a emboscada!

Sem se deter onde estavam os soldados, dirigiu-se rapidamente para o grupo de bananeiras onde haviam feito prisioneiro ao soldado inglês. Depois de olhar ao redor, para assegurar-se de que não o haviam seguido, dirigiu-se para a estufa.

Ao entrar, uma sombra negra levantou-se e colocou-lhe uma pistola no peito.

— Sou eu, Paranoa! — disse em voz baixa.

— Ah! Senhor Yáñez! Não o havia reconhecido!

— Corra a advertir Sandokan que dentro de algumas horas sairemos da quinta a caminho de Vitória.

— E onde os esperaremos?

— No caminho que conduz à cidade.

— Vocês são muitos?

— Cerca de vinte.

— Vou agora! Até a vista, senhor Yáñez! — e o malaio desapareceu por entre as sombras.

Ao regressar ao palacete, Yáñez encontrou a escolta já preparada para a partida. Compunha-se de vinte e dois homens, doze brancos e dez nativos, todos armados até os dentes. O lorde levava o sabre e uma carabina. Um grupo de cavalos resfolegava impaciente perto da cancela do parque.

— Onde está Mariana? — perguntou o lorde.

— Aqui está, senhor — respondeu o sargento que comandava a escolta.

Efetivamente, a jovem desceu naquele momento. Vinha vestida de amazona, com uma saia e um colete de veludo azul. A palidez e a beleza de seu rosto estavam mais destacadas ainda com aquela vestimenta. Cobria a cabeça com um pequeno chapéu, adornado com penas.

Yáñez, que a observava atentamente, notou que seus olhos estavam úmidos de lágrimas.

Naquele momento já não era a enérgica jovem que pouco antes havia enfrentado seu tio. Algo a atormentava: a ideia de abandonar para sempre a seu tio, o único familiar que lhe restava, e que, se agora a havia feito sofrer, em troca havia tido com ela muitas atenções durante a sua juventude. A ideia de um rapto naquelas condições, e pensar que havia de deixar para sempre aqueles lugares, para lançar-se a um futuro obscuro e incerto nos braços de um homem a quem chamavam de "Tigre da Malásia", tudo isto parecia espantá-la.

Montou no cavalo. Então, alguns soluços agitaram seu peito, enquanto as lágrimas turvavam sua vista.

Yáñez aproximou-se dela, tentando consolá-la.

— Não chore, senhorita! Tenha ânimo...! Um futuro brilhante aguarda a "Pérola de Labuán"!

O pelotão pôs-se em marcha sob o comando de lorde James, e depois de saírem do parque, tomaram o caminho que conduzia direto à emboscada armada por Sandokan.

Seis soldados abriam o caminho. Com o objetivo de não serem surpreendidos, iam com as carabinas empunhadas e os olhos fixos em ambos os lados do caminho. Em seguida vinham lorde James, Yáñez e Mariana, escoltados por outros quatro homens. Fechando a comitiva, estava o restante dos homens, com as armas empunhadas. Todos aqueles homens desconfiavam, e por isso não faziam nada além de olharem em todas as direções. O lorde, de vez enquando, lançava olhares ameaçadores à sua sobrinha.

Menos mal que Yáñez, conhecedor das intenções daquele homem, ia preparado para proteger a jovem.

Deveriam já ter percorrido alguns quilômetros no meio do mais profundo silêncio, quando, de repente, escutou-se um leve assovio.

O português, que já esperava o assalto a qualquer instante, desembainhou o sabre e colocou-se entre o lorde e sua sobrinha.

— O que foi? — perguntou o lorde.

— O senhor não escutou um assovio?

— Sim, o que tem?

— Isso quer dizer senhor, que os meus amigos nos rodeiam!

— Ah, traidor! — gritou lorde James, desembainhando o sabre e atacando o português.

— Milorde, já é demasiado tarde! — replicou Yáñez, pondo-se diante de Mariana para protegê-la.

Realmente, um segundo depois, partiram de ambos os lados do caminho duas descargas. Em seguida, trinta piratas precipitaram-se para fora da selva, lançando gritos e atacando furiosamente a escolta.

Sandokan, que os comandava, saltou em meio aos cavalos, atrás dos quais haviam-se juntado os soldados, e começou a atacá-los com sua afiada cimitarra.

Rugindo, com uma pistola na mão esquerda e o sabre na mão direita, o lorde lançou-se como um raio na direção de sua sobrinha, que permanecia aterrada em seu cavalo; mas

Yáñez adiantou-se. Pegou a jovem entre seus robustos braços e passando por entre os soldados e os nativos que se defendiam desesperadamente, depositou-a atrás do cadáver de um cavalo.

Naquele exato instante, o lorde pálido de ira, abriu fogo sobre o português, mas este evitou o disparo com um ágil salto, e brandindo o sabre, gritou sorridente:

— Espere um pouco, querido lorde, que vou acariciá-lo com a ponta da minha espada!

— Traidor! Verá quando eu o pegar!

Como duas feras, lançaram-se um contra o outro. Lorde James, decidido a tudo para arrebatar-lhe sua sobrinha, e Yáñez disposto a tudo para salvar a jovem.

E enfrentaram-se com o mesmo encarniçamento que soldados e piratas combatiam-se mortalmente. As hostes do lorde, com ajuda dos nativos, defendiam-se valorosamente, e confundiam seus gritos com os alaridos selvagens que os tigres soltavam.

Sandokan, cimitarra em punho, tentava atravessar aquela muralha de homens para ajudar a Yáñez, que fazia prodígios para repelir os violentos ataques de lorde James. A resistência dos ingleses começou a ceder. O "Tigre da Malásia" lançou outra vez seus homens ao assalto, fazendo com que a escolta se dispersasse em desordem.

— Resista, Yáñez! — gritou Sandokan, arremetendo contra aqueles que tentavam cerrar-lhe a passagem. — Fique firme que já estou indo!

Mas, naquele preciso instante, algo inesperado ocorreu: o sabre do português rompeu-se ao meio. Estava desarmado, com a jovem desmaiada em seus braços e diante de seu mortal inimigo.

— Ajude-me, Sandokan! — gritou.

Ao ver isto, o lorde lançou-se sobre ele, soltando um grito de triunfo, mas Yáñez não perdeu a calma. Jogou-se rapidamente para um lado, evitando o furioso lorde, e depois com a rapidez de um raio, deu uma cabeçada no peito do lorde, derrubando-o ao chão.

Ambos caíram, atracando-se no chão.

Sandokan, pegando a jovem e apertando-a amorosamente contra o peito, exclamou:

— A vitória é nossa!

Em seguida, pegou a linda Mariana entre os braços e fugiu por entre a espessa selva. Lorde James, arremessado contra um tronco de árvore por Yáñez, ali ficou desmaiado.

Um momento depois os piratas desapareceram também por entre as sombras da noite.

IX
A Mulher do "Tigre"

Que silêncio pairava naquela noite magnífica. A lua brilhava em um céu sem nuvens, refletindo-se com um vago tremor sobre as águas do amplo mar da Malásia.

De quando em quando se escutava a ressaca batendo com monótono zumbido nas desertas areias da praia, enquanto a suave brisa embriagada com os perfumes das flores agitava com um leve sussurro as folhas das árvores do bosque próximo.

Da boca de um riacho saiu um parau, fugindo com rapidez em direção ao ocidente, deixando para trás Labuán.

Na ponte da embarcação encontravam-se somente três pessoas: Sandokan e Mariana, sentados na proa, debaixo das grandes velas suavemente agitadas pela brisa noturna, e Yáñez, triste e sombrio, sentado na popa e com a mão sobre o timão.

Sandokan tentava consolar a bela fugitiva de cabelos dourados, abraçando-a e enxugando suas lágrimas.

— Por que está chorando, meu amor? — dizia-lhe. — Escute, eu irei fazê-la imensamente feliz, e serei seu, completamente seu! Fugiremos para longe destas ilhas, enterrarei meu passado e não voltaremos a ver nunca mais nem meus piratas, nem minha selvagem ilha de Mompracem! Sim, Mariana, meu poderio, minha glória, meu temido nome e minhas sangrentas vinganças, tudo isso eu esquecerei por você!

Por você, quero ser outro! Escute-me, querida, até hoje eu fui cruel, terrível, déspota... Mas isso terminou! Não chore, minha vida, o futuro que nos espera é sorridente e feliz! Iremos para muito longe, onde não serei outra coisa senão seu fiel e carinhoso esposo!

A jovem jogou-se nos braços do pirata, repetindo entre os soluços entrecortados:

— Eu o amo, Sandokan; amo como jamais mulher alguma amou um homem sobre a terra!

O pirata acariciou docemente a jovem, e beijou amorosamente a testa branca e os cabelos dourados.

— Agora você é minha! Ai de quem tentar tocar em você! Amanhã estaremos em minha inacessível Mompracem, onde ninguém irá atrever-se a nos molestar. E, quando o perigo tiver desaparecido, iremos para onde você quiser, minha amada.

— Sim — murmurou a jovem. — Nós iremos para muito longe, onde possamos nos esquecer deste lugar.

E depois de um profundo suspiro, ela desmaiou entre os braços de Sandokan. Yáñez disse:

— Escute, irmão, acho que o inimigo está vindo atrás de nós.

O pirata voltou-se. Um ponto luminoso corria sobre o mar, ficando cada vez maior.

— Acha que é algum inimigo? — perguntou o "Tigre da Malásia", com ar preocupado.

— Acho que sim. Está vindo do oriente e, com certeza, deve ser um navio a nos perseguir, desejoso de reconquistar a presa que tiramos de lorde James.

— Mas nós iremos nos defender até a morte! — exclamou Sandokan. — Ai daquele que tentar impedir minha passagem! Sou capaz de lutar com o mundo inteiro para não perder Mariana!

Depois destas palavras, olhou atentamente para o ponto luminoso que era cada vez maior e estava mais e mais próximo. Mariana recobrou os sentidos naquele instante.

— O que aconteceu, Sandokan? — perguntou, muito pálida.

O pirata vacilou alguns instantes, enquanto a olhava com imensa ternura, e depois, levando-a para a popa, apontou-lhe a luz que os seguia.

— É uma estrela? — perguntou Mariana.

— Não, meu amor! É um navio que nos persegue. Vem em nossa busca, para tirar você de mim e acabar de vez comigo.

— Deus meu! Está certo disso?

— É o mais provável, minha querida! Mas aqui encontrarão resistência!

— E se o matarem?

— A mim? — exclamou Sandokan, erguendo-se, enquanto em seus olhos brilhavam um relâmpago de vaidade.

— Eu sou invulnerável!

෫෨෬෪෬෪

Entretanto, o navio havia se aproximado a uma distância considerável. De sua chaminé escapava-se uma coluna de fumaça e seus mastros destacavam-se contra o fundo claro do céu.

E enquanto o vento levava ao parau o ritmo das rodas que batiam as águas, sua proa cortava as ondas iluminadas pela luz da lua.

— Aproxime-se, maldito! — exclamou Sandokan, levantando ao alto sua cimitarra, enquanto que com o outro braço rodeava a cintura de Mariana. — Venha medir forças com o "Tigre da Malásia"! Deixem troar seus canhões! Lancem seus homens à abordagem! Eu os desafio! Venha, inglês maldito, que eu o espero!

Em seguida, voltando-se para a jovem, terrivelmente assustada com a presença do barco inimigo, disse:

— Vamos, querida! Vou levá-la a um lugar seguro, fora do alcance desses homens, que ontem foram seus compatriotas e que agora são seus inimigos!

Deteve-se um momento para olhar o navio que forçava a marcha, depois conduziu a jovem ao seu camarote. Era um quarto pequeno, acolhedor e bem decorado. As paredes estavam cobertas por um rico tecido oriental, e o chão estava coberto com lindos tapetes. Do teto pendia uma grande lâmpada dourada, e os móveis, que ocupavam os ângulos do quarto, eram ricos e elegantes, construídos em ébano e incrustados de nácar.

— Mariana, este será seu refúgio — disse Sandokan. — Para rechaçar as balas, estas barras de ferro são mais eficientes.

— Mas, e você?

— Meu posto está na ponte de comando. Em caso de ataque, é preciso minha presença ali para dirigir a defesa.

— E se o ferirem?

— Não tema, Mariana! Quando fizerem o primeiro ataque, lançarei entre as rodas do barco inimigo uma tal descarga, que o imobilizarei para sempre.

— Temo por você, meu amor!

— Recorde-se que a morte teme o "Tigre da Malásia" — respondeu o pirata, feroz em seus gestos e suas palavras.

— E se o inimigo nos abordar?

— Não tema! Meus homens são valentes e estão sempre dispostos a morrer por seu chefe, e agora por você! Que façam a abordagem! Nós acabaremos com todos eles!

— Tenho fé em você, Sandokan, mas também muito medo. Eles o odeiam, e para aprisioná-lo, seriam capazes de qualquer temeridade. Procure estar atento, porque juraram matá-lo assim que o encontrassem!

— Matar, a mim? — exclamou Sandokan, com pouco caso. — Que provem, se eles se atreverem a destruir o "Tigre da Malásia"! Não tema por mim, querida, voltarei depois de castigar ao insolente que se atreveu a me desafiar.

— Rogarei por você, Sandokan, para que volte são e salvo.

Com um profundo amor, o pirata a olhou durante alguns instantes, e depois, pegando sua mão, de pele suave e perfumada, a levou aos lábios e depositou-lhe um delicado beijo.

106

— E agora, vamos medir forças, barco maldito, que veio turbar a minha felicidade! — exclamou ele, pondo-se de pé com ferocidade.
— Ajude-me, meu Deus! — murmurou Mariana.

☙❦❧

O primeiro canhonaço e o grito de alarme de Yáñez, despertaram a tripulação do parau. Rapidamente subiram para a coberta e dispuseram-se a lutar contra o inimigo. Os piratas, com grande ardor, lançaram-se aos canhões e colubrinas.

As mechas já estavam acesas, e dispostas para enfrentarem os inimigos. Naquele momento, Sandokan apareceu na ponte.

— Viva o "Tigre"! — exclamaram em um só grito os piratas.

Sandokan, afastando os homens que impediam sua passagem, exclamou:

— Abram caminho! Eu sozinho basto para castigar estes condenados! Não poderão dizer que a bandeira de Mompracem foi atingida!

Depois destas palavras, foi para a popa e colocou seus pés sobre uma colubrina. Aquele homem voltava a ser o terrível "Tigre da Malásia". Como em outros tempos, seus olhos brilhavam como carvões em brasa e sua face apresentava uma ferocidade espantosa. Em seu peito havia uma mistura de emoções incontidas.

— Não está me desafiando? — exclamou. — Então, venha aqui e eu defenderei minha mulher! Meus canhões e cimitarras a defenderão, pois ela está aqui sob minha proteção! Se tiverem coragem suficiente, tentem arrebatá-la de mim! Os tigres de Mompracem estão aguardando!

Perto dele encontrava-se Paranoa, empunhando o timão. Voltando-se para ele, disse:

Ordene que dez homens subam o morteiro.

Poucos instantes depois, uma dúzia de homens subia com grande esforço um pesado morteiro, o qual colocaram na ponte, bem perto do maior mastro. Imediatamente foi carregado com uma bala de grande potência.

— Espere agora o amanhecer — disse Sandokan. — Deste modo, barco maldito, você verá a minha mulher e a minha bandeira!

Dizendo isto, subiu para a popa, e sentou-se com o olhar fixo no navio.

— Que ideia tem em sua mente? — perguntou Yáñez.

— O inimigo logo abrirá fogo. Se não nos pusermos em guarda, eles nos afundarão.

— Não se preocupe, companheiro! Ele que se atreva a colocar-se na nossa frente!

— Esperemos então, se esse é o seu desejo.

O português não havia se enganado. Pouco depois, quando o parau avançava a grande velocidade, a distância que separava o navio dos piratas não chegava a dois quilômetros.

De repente, na proa do navio brilhou uma centelha, seguida de uma forte detonação, que agitou o ar. No entanto, o sibilo da bala não foi ouvido.

— Ah! — exclamou Sandokan. — Está me convidando a me deter e mostrar minha bandeira! Yáñez, desfralde nossa bandeira! Como a lua está esplêndida, poderão vê-la claramente!

O português não esperou que ele repetisse a ordem.

O navio redobrou sua velocidade ao contemplar aquele sinal, como se o estivessem esperando. Quando se encontraram a mil metros, dispararam um canhonaço, que passou sibilando por cima da cabeça dos piratas. Desta vez não haviam usado só pólvora!

Sandokan continuou impassível. Os homens que estavam sob seu comando colocaram-se em suas posições, mas não atacaram.

O navio continuou seu caminho, mas agora mais lentamente. Aquele silêncio devia preocupá-los muito, porque sabiam que os barcos piratas estavam sempre armados com excelentes armas, e além disso a tripulação sempre estava disposta a tudo. Quando se encontravam a menos de oitocentos metros, dispararam um segundo projétil, mas desta vez erraram a mira, e ele caiu no mar, ainda que houvesse passado roçando o parau. E logo uma terceira detonação furou duas velas do mastro e do trinquete, e outra fazia em pedaços um dos canhões da popa, lançando fragmentos até onde se encontrava sentado Sandokan.

Ao ver que iam aproximando-se cada vez mais, ele levantou-se e, estendendo a mão direita em direção ao navio inimigo, ameaçou:

— Pode atirar o quanto quiser, barco maldito! Não pense que tenho medo! Quando eu quiser, deterei sua marcha, e farei em pedaços a sua roda!

Duas outras detonações foram ouvidas na proa do navio.

A dois passos de distância de onde se encontrava Sandokan, estalou uma bala, destruindo parte da amurada da popa.

Da tripulação eclodiu um grito de furor.

— Vingança, Sandokan! — exclamaram todos.

Lançando-lhes um olhar cheio de cólera, Sandokan voltou-se na direção de seus homens.

— Silêncio! Aqui sou eu quem dá as ordens!

— O navio está nos atacando — disse o português.

— Deixe que ele dispare.

— O que está esperando?

— Que amanheça.

— Isso é uma loucura! Eles vão nos destruir antes.

— Não se preocupe! — gritou o "Tigre da Malásia". — Desafio este navio a disparar!

Um estremecimento de espanto percorreu o corpo de Yáñez, quando Sandokan, lançando-se à amurada da popa, agarrou-se à haste da bandeira.

Da ponte do barco inimigo podia-se distinguir, com dificuldade, aquele temerário que se expunha aos disparos inimigos.

— Quer que lhe matem? — perguntou Yáñez. — Desce, Sandokan!

A resposta daquele homem limitou-se a um sorriso de desdém.

— Lembre-se de Mariana! — voltou a dizer o português.
— Sabe perfeitamente que não tenho o menor medo! Agora, todos aos seus postos! — gritou Sandokan.

Seria muito mais fácil deter o navio do que fazer Sandokan descer.

Yáñez, que conhecia a tenacidade daquele homem, não voltou a insistir. Voltando-lhe as costas, protegeu-se atrás de alguns canhões.

O fogo inimigo foi suspenso depois daqueles disparos infrutíferos. O capitão, para não gastar inutilmente a munição, que deveria ser escassa, havia ordenado o cessar fogo.

Durante uns quinze minutos os dois barcos seguiram seu caminho. Quando a distância que os separava reduziu-se a quinhentos metros, começou novamente o canhoneio, com mais fúria que antes.

A maior parte das balas perdia-se na água, mas algumas passavam sibilando muito perto do barco, atingindo o velame, rompendo cordas, ou estilhaçando as extremidades dos penóis. Um tiro passou roçando o maior mastro. Se tivesse sido um pouco mais para a direita, o parau teria sido detido, ficando impossibilitado de defender-se.

Apesar de tudo, Sandokan não se abalou. Cada vez que uma bala passava roçando, ele dava um sorriso irônico. Enquanto isso, o navio inimigo seguia esforçando-se ao máximo para aproximar-se o mais possível. Sandokan o olhava friamente à medida que se aproximava.

Houve um momento em que Yáñez viu como Sandokan inclinava-se para frente, disposto a lançar-se no morteiro. Mas imediatamente mudou sua decisão.

— Está pronto, todavia! — comentou. — Quer que vejam sua mulher!

O parau foi bombardeado durante outros dez minutos, mas sem sofrer grandes danos. Pouco a pouco os disparos foram espaçando-se, ao comprovar que não faziam nenhuma manobra para evitá-los, e por fim, cessaram totalmente.

Uma grande bandeira branca ondulou no mastro do navio inimigo.

— Convidam-nos a nos rendermos — exclamou Sandokan.

— Yáñez, venha aqui!

— O que deseja, irmão? — perguntou o português.

— Desfralde minha bandeira.

— Não seja louco! Se esses malandros virem a bandeira, começarão de novo o ataque! Deixe-os tranquilos, agora que parece que se acalmaram!

— Quero que saibam que é o "Tigre da Malásia" quem comanda este barco!

— E uma chuva de disparos será a resposta.

— Dentro de dez minutos estaremos fora de seu alcance. O vento está ficando mais forte.

— Farei o que quiser!

Yáñez ordenou a um pirata que hasteasse a bandeira.

— Dispare agora! Atire! — gritou Sandokan, estendendo seu braço em direção ao barco inimigo. — Faça gemer seus canhões! Eu mostrarei a eles o quanto é potente a minha artilharia!

A estas palavras, começaram os disparos. Ao ver a bandeira do pirata, a tripulação do navio recomeçou com mais fúria ainda o ataque. Tinham ganas de exterminar o "Tigre da Malásia".

Pouco a pouco, o inimigo ia se aproximando. Sua intenção era aproximar-se o mais possível do parau, e partir para a abordagem.

As rodas moviam fragorosamente a água, e as caldeiras fumegavam como um vulcão. Os surdos rugidos da máquina eram perfeitamente audíveis, quando as detonações cessavam.

No entanto, aos poucos, quem estava no comando do navio deve ter percebido que seria bem difícil aproximar-se do parau.

O vento ia aumentando pouco a pouco. Portanto, o veleiro em alguns momentos deslizava rapidamente. Suas gigantescas velas, completamente infladas, impulsionavam o barco com extraordinária velocidade.

111

O navio, enquanto isso, seguia disparando, mas suas balas caíam na esteira de espuma que o parau ia deixando atrás de si.

Sandokan não havia se movido. Sentado ao lado de sua bandeira vermelha, olhava atentamente para o céu. Parecia ter esquecido que estavam sendo perseguidos pelo navio.

Yáñez, que não compreendia o que seu amigo pretendia, aproximou-se e perguntou:

— Meu irmão, o que está preparando? Se este vento não amainar, dentro em pouco estaremos bem longe.

— Espere um pouco ainda, Yáñez. Olhe para o oriente e verá que as estrelas empalidecem. Logo terá amanhecido.

— Está tentando levar o navio até a ilha de Mompracem, para destruí-lo ali?

— Não é essa a minha intenção.

— Pois então, não compreendo o que você quer!

— Quando a luz me permitir ver a tripulação deste barco, castigarei sua ousadia.

— Não acredito. Você é um bom artilheiro e jamais esperou a luz do dia para atacar seu inimigo. Além disso, o morteiro está preparado há um bom tempo.

— Quero que saibam quem está disparando.

— Já devem saber.

— É possível que suspeitem, mas isso não me basta. Quero que vejam também a mulher do "Tigre da Malásia".

— Mariana?

— Exatamente.

— Você está cometendo uma loucura!

— Deste modo saberão em Labuán que o "Tigre da Malásia" atreveu-se a desafiar os soldados que vigiavam as costas da ilha, sob o comando de lorde Guillonk.

— A estas horas, ninguém na ilha deve ignorar a audaciosa missão que você levou a cabo.

— Não importa. Disse que o morteiro já está preparado?

— Sim, e carregado — respondeu Yáñez.

— Então, tenha um pouco de paciência. Dentro em pouco nós iremos enfrentá-los. Iremos destruir uma das rodas deles.

À medida que conversavam, uma pálida luz avermelhada estendia-se pelo oriente. O sol estava aparecendo no horizonte.

Uma distância de mil e quinhentos metros separava os dois barcos. Apesar da força da máquina, o navio inglês ia perdendo caminho a cada instante. Em troca, o parau aumentava sua rapidez, ajudado pelo vento produzido pelas primeiras horas do amanhecer.

Então, o português disse:

— Depressa, irmão, dispare um bom tiro nestes intrometidos!

— Ordene que recolham o mastro maior e as velas do trinquete — respondeu Sandokan. — Colocarei fogo no morteiro quando estivermos a uns quinhentos metros de distância.

Imediatamente, Yáñez deu a ordem. A manobra de recolher as velas foi executada com extrema rapidez.

Reduzido o velame, o parau começou a diminuir a velocidade de sua louca escapada.

Ao dar-se conta da manobra, o navio retomou os disparos, apesar de encontrar-se ainda muito longe.

Ainda deveria passar-se meia hora para atingir-se a distância desejada por Sandokan. Quando as balas começaram a cair sobre a coberta do parau, Sandokan desceu de onde se encontrava e colocou-se atrás do morteiro, disposto a disparar a qualquer instante.

Naquele momento, um raio de luz iluminou as velas do parau.

— Agora é a minha hora! — exclamou Sandokan. — Yáñez, ponha o parau a través do vento.

Pouco depois a ordem já havia sido obedecida e o parau ocupava a posição ordenada.

Paranoa acendeu a mecha e Sandokan a pegou. Para calcular a distância com um olhar, inclinou-se sobre o morteiro.

113

O navio de guerra, ao comprovar que o veleiro detinha sua marcha, aproveitou a ocasião para enfrentá-lo. Avançava a uma velocidade cada vez maior, soltando grandes nuvens de fumaça, ao mesmo tempo em que atiravam projéteis maciços e abundantes granadas.

Os pedaços de ferro saltavam sobre a coberta, destroçando cordas, furando as velas, estilhaçando e destroçando as madeiras. Se aquela nuvem de fogo houvesse durado dez minutos mais, a embarcação dos piratas teria ido a pique.

No entanto, Sandokan, sempre impassível, seguia com o olhar perdido. De repente, dando um salto para trás, gritou:

— Fogo!

Rapidamente inclinou-se diante da peça fumegante, contendo a respiração, apertando os dentes, os olhos fixos adiante, como se quisesse adivinhar a trajetória que seguiria o projétil. Poucos instantes depois, uma segunda detonação ressoava nas proximidades.

A bomba havia estalado entre os raios do tambor de bombordo, fazendo soltar com grande violência as madeiras e ferragens da roda do barco inimigo.

Gravemente atingido, o navio inclinou-se para um lado e começou a dar voltas sobre si mesmo, impulsionado pela outra roda, que ainda agitava a água.

— Viva o "Tigre"! — gritaram todos os piratas.

Quase imediatamente, os artilheiros precipitaram-se para os canhões.

— Mariana! Mariana! — exclamou Sandokan, contemplando o barco inimigo.

A jovem apareceu na ponte, e Sandokan a estreitou em seus fortes braços. Levou-a então até a amurada e mostrando-a à tripulação inimiga, gritou:

— Está aqui a minha mulher!

Uma rajada de metralha caiu sobre o cruzeiro. O parau, com o caminho livre, virava-se a estibordo, afastando-se rapidamente em direção ao oeste, rumo à ilha de Mompracem.

X
EM MOMPRACEM

O barco inimigo, ferido de morte pelo disparo certeiro de Sandokan, foi obrigado a deter-se para reparar os estragos sofridos. Enquanto isso, o parau, estendendo suas enormes velas, afastava-se daquele lugar com uma velocidade que desafiava até mesmo embarcações mais rápidas.

Mariana, aturdida com tudo o que havia acontecido, havia se recolhido novamente a seu camarote. Também uma parte da tripulação havia abandonado a coberta, já que não parecia ter nenhum perigo ameaçando o barco, pelo menos no momento.

Yáñez e Sandokan permaneceram na ponte, sentados na popa, falando de seus problemas. De vez em quando lançavam um olhar para trás, onde ainda se via uma ligeira coluna de fumaça.

— Esse navio passará por maus bocados antes de chegar a Vitória — dizia Yáñez. — O disparo deixou-os em tal condição, que lhes será completamente impossível nos perseguir. Acha que foi lorde Guillonk o responsável por tudo isto?

— Não — disse Sandokan. — O lorde ainda não teve tempo suficiente para chegar até Vitória e advertir o governador sobre o que aconteceu. Esse navio que deixamos para trás deveria estar nos procurando há algum tempo, porque sabiam que tínhamos desembarcado na ilha.

— Acha que lorde Guillonk irá nos deixar em paz?

— É pouco provável. Em um momento ou outro nos atacará, pois eu o conheço, e sei que ele é vingativo e rancoroso.

— Irá atrever-se a nos enfrentar em nossa própria ilha?

— Talvez, Yáñez. — exclamou Sandokan. — Lorde James tem muita influência e, além disso, tem dinheiro. Poderá conseguir facilmente ajuda do governador e armar todos os barcos que quiser. Dentro de muito pouco tempo uma frota de barcos aparecerá em Mompracem, você verá!

— E nós, vamos fazer o que?

— Enfrentaremos nossa última batalha.

— Por que está dizendo isso, Sandokan? Por que a última?

— Porque depois Mompracem ficará sem seus chefes — disse o "Tigre da Malásia", e sua voz era quase um sussurro. — Minhas aventuras estão a ponto de terminar. Este mar já não verá os paraus do "Tigre". Ali acabarão nossas aventuras.

— Mas, Sandokan...

— Assim quer o destino, Yáñez. O amor da "Pérola de Labuán" tinha que acabar com o "Tigre da Malásia". Não pode imaginar, meu irmão, o quanto me sinto triste por ter que dizer adeus a estes lugares, e esquecer o poder e a fama. As batalhas irão acabar, o troar dos canhões, as abordagens...! Só sinto Yáñez, que ao morrer o "Tigre", esta ilha e este mar passem para o poder de outro.

— E nossos homens? — perguntou o português.

— São livres para fazerem o que desejarem — respondeu Sandokan, com um acento triste.

— Nossa ilha, depois de seu esplendor, voltará a ficar deserta, assim como quando você se apoderou dela.

— Sim, não há outro remédio.

— Mompracem... — exclamou Yáñez amargamente — era como minha pátria, como a terra onde nasci...

— E você pensa que eu também não amo esta ilha? Acha que não sinto angústia em meu coração, pensando que talvez não volte a vê-la nunca mais? É o destino dos homens.

116

— Isso é muito fácil de dizer, Sandokan! Eu não posso resignar-me a ver desaparecer com um só golpe todo o nosso poderio, que tantas lutas e imenso sacrifício nos custou!

— Não há outra solução — replicou Sandokan, surdamente.

— Não, isso não é certo. Diria melhor se dissesse que quer trocar isso pelo amor de Mariana. Se essa mulher não existisse, o rugido do "Tigre da Malásia" teria feito tremer ao sultão de Varauni e aos ingleses!

— Tem razão, meu irmão! — disse o chefe pirata. — É a jovem dos cabelos de ouro que deu o golpe mortal em Mompracem. Se eu nunca a tivesse conhecido, quem sabe quantos anos ainda cruzaria este mar com nossa triunfante bandeira? Agora, no entanto, reconheço que já é tarde para romper as cadeias que me aprisionam. É tão grande o amor que sinto por ela que sinto até sufocar...

Sandokan fez uma breve pausa, enquanto seus olhos vasculhavam o horizonte.

— Ah, se ela quisesse! — prosseguiu. — Não sabe o quanto daria para que Mariana compartilhasse a minha vida! Então o sol de Mompracem brilharia com mais esplendor ainda! Se ela quisesse, poderia dar-lhe um trono aqui ou nas costas de Bornéu. Enfim, que se cumpra o destino! Enfrentaremos nossa última batalha em Mompracem, e depois sairemos da ilha para sempre...!

— E para onde iremos?

— Não sei, Yáñez. Mas para muito longe destes mares, onde outros horizontes nos façam esquecer Mompracem.

— De acordo. Faremos o que deseja — disse Yáñez, resignadamente. — Mas não se esqueça, Sandokan, que esta última batalha tem que ficar como testemunho de nossa grandeza. O lorde nos atacará quase em desespero, para resgatar a sobrinha e acabar com você.

— Eu sei, mas o esconderijo do "Tigre da Malásia" será inexpugnável para ele. Recorde-se de que até agora ninguém foi capaz de aproximar-se das costas da minha ilha. Quando chegarmos, ordenarei que façam alguns preparativos que nos permitam resistir ao mais espantoso bombardeio. Ninguém poderá nos tirar de Mompracem! O "Tigre" não será domado! Rugirá mais forte ainda e levará o terror a todos que tentarem combatê-lo!

— E se forem muitos os que nos atacarem? Lembre-se, Sandokan, que os ingleses estão aliados aos holandeses para a repressão da pirataria. As duas frotas unidas seriam perigosas. Não acha?

— Talvez tenha razão. Mas antes de ver-me vencido, atearei fogo à pólvora e mandaremos tudo para o ar, nosso povoado, nossa ilha, nossos barcos! Jamais poderia resignar-me em perder Mariana! Prefiro a minha morte e a dela também, antes de me roubarem a mulher que amo!

— Vamos torcer para que isto não aconteça, Sandokan!

Este inclinou a cabeça sobre o peito e suspirou profundamente; depois de um momento de silêncio, respondeu com a voz entrecortada:

— Tenho, no entanto, um triste pressentimento.

— Qual? — perguntou Yáñez, ansiosamente.

Mas o chefe pirata não respondeu. Afastou-se um pouco, apoiando-se na amurada da proa. Estava inquieto. Sua fronte estava marcada por rugas profundas e ele soltava profundos suspiros de quando em quando.

— Tudo por causa de uma mulher... — murmurou. — Por ela devo perder tudo, sim, inclusive este mar que eu chamo de meu...! Mas, para que me lamentar agora? Essa criatura celestial me recompensará de tudo o que vou perder e que tanto amava!

Levou as mãos à fronte com um movimento brusco, como se o seu atormentado cérebro quisesse afastar os pensamentos tumultuosos que o oprimiam. Em seguida, pareceu voltar a si, e caminhando lentamente, dirigiu-se ao camarote de Mariana.

Ao aproximar-se da porta, escutou a voz da jovem, e parou supreso.

— Não, não! — dizia a jovem. — Deixe-me, já não lhes pertenço! Agora sou do "Tigre da Malásia"! Porque querem me separar dele? Não quero ver William! Tirem-no daqui! Eu o odeio!

— Está sonhando! — murmurou Sandokan. — Dorme, meu amor, que aqui está segura e não corre risco algum! Eu estou velando por você, e para a arrancarem de mim, será preciso que passem sobre o meu cadáver!

O pirata abriu a porta do camarote e viu que Mariana dormia, respirando com dificuldade, vítima de um pesadelo. Depois de contemplá-la por um momento com infinita doçura, retirou-se sem fazer ruído, e entrou em seu camarote para descansar antes da batalha final.

Durante toda a noite o parau navegou a grande velocidade, e pela manhã encontrava-se a duzentos quilômetros de Mompracem.

Quando todos já se sentiam seguros, Yáñez, que vigiava com atenção, descobriu ao sul uma leve coluna de fumaça.

— Ora! — exclamou. — Já temos outro navio a nos perseguir!

Rapidamente pegou um binóculo, subiu ao alto do mastro maior e olhou para aquele distante sinal, que ia se aproximando visivelmente. O cenho do português estava franzido quando ele desceu.

— O que foi? — perguntou Sandokan, que acabava de subir à coberta.

— Está se aproximando um canhoneiro, Sandokan.

— Se for isso, podemos ficar tranquilos.

— Sabe bem que estes barcos não podem levar mais que um canhão, e por isso é provável que não se arrisque a nos atacar, mas estou inquieto, porque este barco vem do oeste, talvez de Mompracem.

— O quê? Está achando que durante a nossa ausência, Mompracem foi assaltada?

— O que está acontecendo? — perguntou Mariana.

— Ah! É você, querida? — exclamou Sandokan. — Pensei que ainda estava dormindo!

— Acabo de acordar — respondeu a jovem. — Mas, um novo perigo nos ameaça?

119

— Não — respondeu o pirata. — Nossa intranquilidade é porque vimos um canhoneiro que vem dos lados de Mompracem.

— Teme que tenham atacado a ilha?

— Sim.

— Olhem! — gritou Yáñez. — O canhoneiro está vindo em nossa direção a toda velocidade.

— Está vindo saber quem somos — disse Sandokan.

Realmente, o pirata estava certo. O canhoneiro, um dos mais pequenos, devendo pesar cerca de cem toneladas apenas, aproximou-se a uns mil metros de distância, virando rapidamente a bombordo. Mas não se afastou de todo, mantendo-se a uns vinte quilômetros em direção ao leste.

Aquele barco não preocupou os piratas, que sabiam que ele não se atreveria a enfrentá-los, já que a artilharia do parau era tão formidável que poderia enfrentar quatro inimigos como aquele.

Por volta do meio-dia, um pirata que estava na torre de vigia, gritou:

— Mompracem a vista!

Sandokan e Yáñez respiraram aliviados. Estavam a salvo. Dirigiram-se à proa seguidos de Mariana.

Ao olhar para longe, onde o céu confunde-se com o mar, mais se adivinhava do que se enxergava a longa linha de cor verde: era o temido esconderijo do "Tigre da Malásia".

— Rápido, rápido! — exclamou Sandokan, sem poder conter sua ansiedade.

— Teme algo? — perguntou a jovem.

— Não sei, mas pressinto que algo terrível aconteceu aqui. O canhoneiro ainda nos segue?

— Sim, ainda vejo a fumaça no leste — respondeu Yáñez.

— Isso é mau sinal!

— Eu também penso assim, Sandokan — respondeu o português.

— Vá ver se você consegue ver algo.

Yáñez olhou atentamente a ilha por alguns momentos.

— Estou vendo os paraus ancorados na ilha.

O "Tigre da Malásia" respirou aliviado, e em seus olhos brilharam relâmpagos de alegria.

— Esperemos que nada de grave tenha acontecido! — murmurou.

Em menos de uma hora o parau, impulsionado pelo forte vento, estava a poucos quilômetros da ilha. Já se encontrava perto o bastante para que se distinguisse as fortificações, os armazéns e as cabanas do povoado.

A bandeira pirata ondulava sobre uma grande rocha, no alto do soberbo edifício que servia de refúgio ao "Tigre da Malásia". No entanto, nem os paraus nem o povoado estavam no mesmo estado de quando ele havia saído.

— Ah! — exclamou Sandokan, cerrando os punhos. — Aconteceu o que eu temia: o inimigo aproveitou-se da minha ausência para atacar meu refúgio!

— Não nos enganamos! — murmurou o português com acento triste.

Ao ver a dor refletida no rosto de Sandokan, Mariana disse:

— Sinto muito, querido! Meus compatriotas aproveitaram-se da sua ausência, e atacaram seu lar!

Sandokan respondeu tristemente:

— Mompracem, um dia tão temida e inacessível, foi violada! Isso quer dizer que minha fama desapareceu! O "Tigre da Malásia" está morto!

XI
A Rainha de Mompracem

Mas a ilha de Mompracem, considerada inexpugnável, não havia caído nas mãos dos ingleses. Mas, ao saberem da partida de Sandokan, confiaram em encontrar uma guarnição muito débil, e por isso decidiram partir para a ilha de improviso. Botaram a pique várias embarcações, incendiaram as fortificações e bombardearam as construções. Sua audácia chegou ao extremo de desembarcarem tropas para apoderarem-se da ilha. Mas o valoroso Giro-Batol e seus tigres acabaram por triunfar, e os inimigos viram-se obrigados a retirarem-se por medo de encontrarem Sandokan e seus piratas os atacando pelas costas.

Havia sido uma vitória que esteve a ponto de custar a liberdade de Mompracem. Quando Sandokan e seus homens desembarcaram, foram recebidos com grandes mostras de alegria. Os homens o saudavam com gritos e também reclamando vingança.

— "Tigre da Malásia", ataquemos Labuán! — gritavam.

— Capitão — exclamou Giro-Batol, — conduza-nos a Labuán e destruiremos aquela ilha maldita!

Sandokan, ao invés de responder, puxou Mariana e apresentou-a a seus homens.

— Labuán é a pátria desta mulher! — disse. — Minha mulher!

Até então a jovem havia permanecido atrás de Yáñez. Ao contemplarem-na, os piratas não puderam conter um grito de admiração.

— A "Pérola de Labuán"! Viva a "Pérola"! — exclamaram.

— Dentro de pouco tempo vocês terão a oportunidade de devolverem aos nossos inimigos o dano que eles nos causaram.

— Voltarão a nos atacar? — as perguntas pipocavam por entre os piratas.

— Têm grandes motivos para fazê-lo. Em primeiro lugar, querem vingar a morte dos homens na floresta, depois, irão querer resgatar esta jovem. Fiquemos atentos, porque a luta não vai demorar!

— "Tigre da Malásia" — disse um chefe, adiantando-se. — Enquanto nos restar um pouco de vida, defenderemos a "Pérola de Labuán". Ninguém irá arrebatá-la de nós. Daremos nosso sangue por ela, se for preciso!

Sandokan, profundamente comovido com aquela demonstração de afeto, olhou todos aqueles homens que se ofereciam para salvar a vida da jovem, sabendo que era ele o culpado por todas as desgraças que estavam passando.

— Obrigado, amigos — exclamou com voz embargada.

Depois, oferecendo o braço a Mariana, afastou-se cabisbaixo.

— Está tudo terminado! — disse tristemente o português.

Seguido pelos olhares dos piratas, Sandokan e sua companheira foram subindo os degraus que levavam ao alto da rocha. Ao chegarem, detiveram-se diante do grande edifício.

— Este será seu lar — disse Sandokan, entrando. — É um lugar indigno de você, mas aqui nossos inimigos não poderão entrar. Se você se converter na rainha de Mompracem, eu o embelezarei até que se converta em um palácio. Mas, enfim, para que falar de coisas impossíveis? Tudo aqui está morto, ou a ponto de morrer!

O rosto de Sandokan alterou-se visivelmente, ao mesmo tempo em que suas mãos se crispavam nervosamente. Mariana abraçou-o carinhosamente.

— Você está me escondendo algo! Por que está sofrendo, Sandokan?

— Estou só abalado pelos últimos acontecimentos. Estivemos a ponto de perder tudo.

— Então, o que você lamenta é o poderio passado e está sofrendo com a ideia de perder tudo. Escute-me, Sandokan: quer que eu empunhe a cimitarra e lute ao seu lado também?

— Você? — exclamou. — De modo algum. Seria uma temeridade obrigar você a permanecer aqui, entre os gritos dos feridos e os tiros da artilharia!

— Você me ama mais do que a sua ilha, e tudo o que ela representa para você?

— Sim. Esta noite mandarei reunir meus homens e lhes direi que esta será a última batalha, depois disso partiremos para sempre deste lugar.

— E seus homens concordarão com semelhante proposta? Ao saberem que eu represento a ruína de Mompracem, irão me odiar para sempre!

— Eu sou o "Tigre da Malásia"! Ninguém iria atrever-se a levantar a voz contra mim. Além disso, meus homens me respeitam e admiram.

Depois de acariciar os cabelos da jovem, chamou os dois malaios que se encontravam trabalhando no aposento contíguo.

— Está será a sua ama — disse-lhes, apontando para Mariana; — e vocês a obedecerão como se ela fosse eu mesmo!

Dada esta ordem, trocou um longo e profundo olhar com Mariana. Depois, saiu do aposento e dirigiu-se à praia.

À medida que ia se aproximando, viu como o canhoneiro continuava apontando para a ilha. Parecia estar esperando outro navio para levar ao término a sua missão. Enquanto isso, os piratas preparavam-se para um próximo ataque, trabalhando febrilmente sob o comando de Yáñez. Escavavam poços, levantavam barricadas e reforçavam os fortes.

— Apareceu outro barco? — perguntou Sandokan.

— Ainda não, mas o canhoneiro não se afastou daqui, e isto é um mau sinal — respondeu Yáñez.

— Precisamos tomar medidas para pôr a salvo nossas riquezas e, em caso de sermos derrotados, prepararmos a retirada.

— Acredita que não iremos conseguir enfrentar nossos inimigos?

— Tenho maus pressentimentos, meu amigo! Meu coração me diz que vou perder a minha adorada Mompracem!

— Ora! Já que decidiu abandoná-la, tanto faz que seja hoje ou dentro de um mês. E nossos piratas, já sabem?

— Não. Esta noite irei reunir os chefes e lhes comunicarei minha decisão.

— Será um duro golpe para eles, Sandokan.

— Posso imaginar. Mas não os impedirei, se quiserem, que continuem a levar a vida que levaram até hoje.

— Ninguém irá abandonar o "Tigre da Malásia". Irão segui-lo aonde quer que você vá.

— Eu sei! Meus homens serão fiéis até o último momento.

Os dois piratas reuniram-se com os demais, que seguiam trabalhando sem descanso, levantando trincheiras que guarneciam com colubrinas, resguardando a artilharia com barricadas de troncos de árvores, pedras enormes e chapas de ferro, e acumulando a seu lado grandes pirâmides de balas e granadas.

Perto do anoitecer, a rocha apresentava um aspecto imponente. Era quase inexpugnável.

Naquele momento, não havia na ilha mais que cento e cinquenta homens. Haviam sido reduzidos àquele número desde a perda dos dois paraus que haviam seguido Sandokan até Labuán, e dos quais nunca mais tiveram notícia.

Ao cair a noite, Sandokan ordenou que embarcassem suas riquezas em um grande parau e, escoltado por outros dois, os enviou às costas ocidentais, para que fugissem para alto-mar, se assim fosse preciso.

Por volta da meia-noite, Yáñez, junto com os demais chefes, subiram à casa onde os esperava o "Tigre".

Uma ampla sala, que poderia abrigar mais de duzentas pessoas, havia sido arrumada com extremo luxo para aquela importante reunião. As enormes lâmpadas douradas derramavam torrentes de luz, fazendo brilhar o ouro e o nácar, assim como os tapetes bordados e os ricos quadros que cobriam as paredes.

Sandokan apareceu com seu traje de gala. Vinha vestido de vermelho, com o turbante verde adornado por um penacho cheio de diamantes. Trazia na cintura os dois cris, insígnia de grande chefe, e uma magnífica cimitarra com a empunhadura de ouro e a bainha de prata.

Mariana, por sua vez, vestia um traje de veludo negro, bordado em prata, que deixava seus ombros descobertos, sobre os quais caíam seus lindos cabelos dourados. Tornando-a ainda mais bela, um colar de brilhantes e ricos braceletes adornados com pérolas de inestimável valor.

Os piratas, ao verem aquela linda criatura, olhavam-na quase como se estivessem enxergando uma divindade, e não puderam conter um sussurro de admiração.

Sandokan olhou para todos os seus homens e exclamou, emocionado:

— Meus fiéis tigres e queridos amigos! Eu os convoquei aqui para que decidamos juntos a sorte de Mompracem! Até agora vocês me viram lutar ferozmente anos e anos, sem trégua nem piedade contra essa raça odiosa que assassinou toda a minha família, roubando também minha pátria e meu trono! Mas o destino quer que eu me detenha! Combaterei uma vez mais ao inimigo, que talvez nos ataque amanhã. Mas depois me despedirei de Mompracem e partirei para longe, para viver com esta mulher a quem eu amo, e que se tornará minha esposa.

O chefe pirata calou-se. Na enorme sala reinava um silêncio entremeado de expectativa.

— Vocês querem continuar minha luta? — prosseguiu. — Dou a vocês todos os meus barcos e tudo o que me pertence. E continuarei a considerá-los como meus filhos, se decidirem me acompanhar para a minha nova pátria.

Atônitos diante daquela inesperada decisão, os piratas não responderam, ainda que muitos daqueles rostos curtidos pelo vento do mar, e enegrecidos pela pólvora dos canhões, estivessem inundados de lágrimas.

— Estão chorando? — perguntou o "Tigre da Malásia", sem que ele também conseguisse ocultar sua emoção. — Compreendo seus sentimentos! Também eu sofro diante da ideia de não voltar a ver minha ilha, de perder meu poder depois de ter conquistado tanta fama! Meu destino o quer assim! Agora só pertenço a esta mulher, a "Pérola de Labuán", que me conquistou.

Giro-Batol levantou os braços, gritando:

— "Tigre"! Não abandone nossa ilha, fique conosco! E para que ninguém se atreva a ameaçar a felicidade de sua esposa, defenderemos Mompracem até a morte! Quer que destruamos Labuán, Varauni e Sarawak?

— Milady — exclamou Inioko, — fique conosco! Faremos uma muralha com nossos corpos, para livrá-la do fogo inimigo, e se quiser um trono, nós conquistaremos um reino para a senhora!

— Fique, senhorita! Fique em Mompracem! — gritavam todos, aglomerando-se em torno de Mariana.

Então, ela adiantou-se até os piratas e com um gesto pediu silêncio.

— Sandokan — falou com acento decidido — se eu lhe pedisse, renunciaria à pirataria e também à sua vingança. Mas, e se eu rompesse o débil laço que me ata a meus compatriotas e adotasse esta ilha como pátria, você aceitaria?

— O que está dizendo, Mariana? Quer ficar na minha ilha?

— Isso iria agradar-lhe?

— Sim, e prometo que não voltaria a pegar em armas senão para proteger esta terra.

— Nesse caso, ficarei! Mompracem será minha pátria!

Ao dizer estas palavras, cento e cinquenta armas cruzaram-se sobre a cabeça de Mariana, que se refugiou emocionada nos braços de Sandokan. Então os piratas gritaram:

— Viva a rainha de Mompracem!

— Ai de quem a tocar! — exclamou Sandokan.

XII

O Bombardeio de Mompracem

Os piratas de Mompracem começaram no dia seguinte a trabalhar como titãs para fortificar a ilha, que já não pensavam em abandonar, desde que Mariana havia prometido ficar ali.

Enquanto todos levantavam novas trincheiras e barricadas ou trabalhavam em redor das baterias, reforçando as provisões de pólvora e cuidando das armas, a "Pérola de Labuán", bela e fascinante, animava a todos com seu sorriso e suas palavras de alento.

Também Sandokan trabalhava numa atividade febril, acudindo aonde sua presença fosse necessária, sempre ajudado por Yáñez, que parecia ter perdido sua calma costumeira.

A canhoneira inimiga, entretanto, continuava navegando perto da ilha, como se espionasse o trabalho dos piratas.

— Está esperando os outros navios, para então nos atacar — disse Sandokan.

Vários malaios que haviam saído de noite com três paraus, chegaram ao povoado ao meio-dia. Disseram ter visto um canhoneiro, ao que parecia espanhol, navegando na direção leste, mas que não haviam encontrado nenhum inimigo a oeste.

— Os ingleses não virão sós — disse Sandokan a Yáñez.
— Seu ataque será muito violento.

— Acha que eles coligaram-se com os holandeses e espanhóis?

— Sim, Yáñez, temo que sim!

— Nosso povoado é inexpugnável, aqui encontrarão seu fim!

— Não vamos confiar muito nisso, irmão! — disse Sandokan. — Mas se nos derrotarem por acaso, os paraus estarão prontos para a nossa fuga.

Ao cair a noite, o povoado tinha fortificações realmente imponentes e estava já pronto para a luta. Trincheiras, paliçadas e fossos tornavam quase impossível escalar aqueles fortes que defendiam o povoado.

Sessenta colubrinas, quarenta e seis canhões de calibre doze, dezoito e alguns vinte e quatro, e meia dúzia de morteiros, colocados no grande círculo central, prontos a abrirem fogo contra o inimigo, ajudavam os piratas a defenderem a ilha.

Sandokan fez desmontar durante a noite todos os paraus; e depois de recolher tudo o que continham, ordenou que os afundassem na baía, para que os adversários não se apoderassem deles.

— O inimigo! Já está aqui!

Saíram correndo de casa e dirigiram-se para a borda da gigantesca rocha, de onde se via todo o mar.

De fato, ali estava o inimigo, a pouco mais de dez quilômetros da costa, e avançando devagar, em formação de combate.

— Não se pode negar que é uma verdadeira frota! — murmurou Yáñez, com o rosto sombrio. — Aonde terão reunido tantas forças estes cães ingleses?

— Em Labuán devem ter formado uma liga e a enviaram contra nós — respondeu Sandokan. — Repare, há barcos ingleses, holandeses e espanhóis; inclusive há também alguns paraus do canalha do sultão de Varauni, que pirateia e está invejoso de meu poderio.

Tinha razão: a esquadra agressora estava composta de três grandes navios com bandeira inglesa, de quatro canhoneiros e um navio espanhol, duas corvetas holandesas poderosamente armadas e oito paraus do sultão de Varauni. Somando-se todos, ali eles dispunham de uns 1.500 homens e de 150 a 160 canhões.

— Barbaridade! São muitos! — exclamou Yáñez.

— Mas nossa rocha é forte, e nós somos valentes!

— Você vencerá, Sandokan? — perguntou Mariana, com a voz trêmula.

— Tenho certeza disso, meu amor! — respondeu o chefe pirata.

— Sandokan, tenho medo que você morra!

— Não tema, Mariana, a boa sorte que durante tantos anos me protegeu, não irá me abandonar logo agora, quando luto por você! Anda, vem...!

Aproximaram-se do povoado e viram que os piratas já estavam em seus postos, a ponto de empreenderem a titânica luta. Também havia uns duzentos indígenas, que haviam chegado do interior da ilha para combaterem junto aos homens de Sandokan.

— Não está mal — disse Yáñez, — no total seremos um trezentos e cinquenta para enfrentarmos o ataque.

O "Tigre da Malásia" confiou Mariana a seis de seus homens mais valentes, para que eles a conduzissem ao bosque, com o intuito de não expô-la ao menor perigo.

— Vá, minha amada! — disse-lhe Sandokan. — Se triunfar, continuará sendo a rainha de Mompracem, mas se me derrotarem, iremos buscar a felicidade longe daqui.

E em seguida correu em direção aos bastiões, gritando exaltado:

— Ânimo, meus amigos! Eu estou com vocês! Ainda que o inimigo seja forte, nós ainda somos os defensores de Mompracem!

Um só grito foi a resposta:

— Viva Sandokan! Viva a "Pérola de Labuán"!

Naquele momento, ao que parece, estava-se celebrando o conselho dos oficiais no navio inimigo que levava a bandeira de comandante.

Já seriam dez da noite quando os navios e os paraus inimigos, escalonados em ordem de combate, partiram rumo à baía da ilha.

Sandokan, que estava de pé no grande reduto central, atrás de um canhão calibre vinte e quatro, gritou com voz rouca:

— Atenção, tigres de Mompracem! Recordem-se de que estão defendendo a "Pérola de Labuán"!

— Sim, sim! — gritaram os piratas.

A canhoneira que há dias cercava a ilha, disparou naquele instante um canhonaço que foi derrubar precisamente a bandeira dos piratas, que ondulava galhardamente no bastião central.

O "Tigre da Malásia" estremeceu e em seu rosto pintou-se uma viva dor.

— Você vencerá, inimigo! — exclamou tristemente. — O meu coração me diz isso, e ele não se engana nunca!

Enquanto isso a frota, em formação linear, aproximava-se.

— Todos a seus postos! — gritou Sandokan. — Abram fogo!

Ao dar esta ordem, os canhões troaram, como se fosse uma só detonação. A terra e o mar tremeram. As baterias ficaram envoltas em densas nuvens de fumaça, enquanto os disparos começaram a suceder-se sem interrupção, estendendo-se à direita e a esquerda em toda a linha fortificada.

Aquela descarga deixou a frota bem danificada, ainda que ela não tardasse a responder com seus canhões, em que hábeis atiradores abriam foco de fuzilaria. Decididos a exterminarem-se, as vítimas de um e outro lado sucediam-se. Mas ainda que a frota inimiga tivesse a vantagem de sua mobilidade, o número de homens e bocas de fogo não lhes dava excessiva vantagem.

Cada vez que os navios mais audazes tentavam desembarcar os soldados na ilha, os canhões de Mompracem vomitavam torrentes de balas e furacões de metralha, impedindo a manobra e matando muitos tripulantes.

Sandokan, em meio aos seus homens, gritava sem parar:

— Ânimo, valentes!... Limpem o mar dos inimigos!

Sua voz não se perdia. Os piratas, com admirável sangue-frio e em meio a uma espessa chuva de balas, disparavam seus canhões, sem cessar de animar-se com gritos e terríveis clamores.

Em poucos momentos, um parau do sultão e um canhoneiro espanhol, que tentavam aproximar-se da rocha e desembarcar seus homens, ficaram muito danificados, e encalharam, incendiados, quando tiveram as caldeiras destruídas. Não se salvou um só de seus homens.

— Atrevam-se a desembarcar! — gritava Sandokan. — Venham medir forças com os tigres de Mompracem!

Não havia dúvida de que enquanto houvesse pólvora e as barricadas se sustentassem, nenhum barco conseguiria aproximar-se da ilha.

Às seis da tarde, no entanto, aconteceu algo que mudou o curso dos acontecimentos contra os piratas. Quando a frota aliada, terrivelmente maltratada, já ia retirar-se, chegou uma ajuda inesperada.

Tratava-se de dois navios ingleses, e um holandês, seguido por um outro navio a vela, bem equipado e ágil.

Sandokan e Yáñez empalideceram ao ver aqueles novos inimigos, que vinham reforçar a frota.

— Desta forma, a ilha não tardará a cair em suas mãos — comentou o português, com desalento.

Mas não foi por isso que desanimaram, e continuaram combatendo com mais ardor ainda. Miraram seus canhões contra aqueles novos navios, mas não conseguiram conter a enorme descarga de granadas que caía sobre as barricadas.

Uma hora mais tarde a primeira linha de barricadas não passava de um monte de escombros.

Sandokan tentou um último golpe, conseguindo com os seus disparos e os de Giro-Batol, colocar a pique o navio almirante. A esquadra suspendeu fogo durante uns minutos, mas logo voltou à carga com mais determinação.

O "Tigre da Malásia" não se cansava de animar a seus homens. Apesar disso, previa que não estava longe o momento do desastre, ao ver o inimigo avançar.

133

Os canhões dos piratas eram já poucos, porque a maioria havia sido destroçada pelas balas inimigas.

Poucos depois voava também o grande reduto central, arrastando a artilharia pesada e um grande número de homens. Yáñez chegou correndo até onde estava Sandokan, e lhe disse:

— A posição está perdida! Ordene a retirada antes que seja demasiado tarde! Faça-o por Mariana!

O chefe pirata olhou as ruínas que havia ao seu redor, em meio das quais não sobrava mais do que um canhão. Então compreendeu que tudo estava perdido.

O inimigo logo iria desembarcar, para acabar com os últimos defensores da ilha.

— Um minuto sequer de demora pode ser fatal! — insistiu Yáñez.

O "Tigre da Malásia" fez um esforço supremo para pronunciar algo que jamais havia dito, a ordem de retirada.

Um momento depois, os sobreviventes, guiados por Sandokan e Yáñez, colocavam-se a salvo nos bosques, enquanto o inimigo desembarcava furioso, com baionetas empunhadas, achando que ia encontrar alguma resistência por parte dos poucos piratas restantes.

Com aquela fuga, havia se extinguido para sempre a estrela de Mompracem.

XIII
NO MAR

Os piratas, feridos em sua maior parte, haviam ficado reduzidos a uns sessenta. Apesar disso, ainda ansiavam por vingança e estavam dispostos a retomarem a luta. Mas como aquilo não podia ser naquele momento, dadas as terríveis circunstâncias, retiravam-se em silêncio, guiados por seus valentes chefes Sandokan e Yáñez, que haviam saído afortunadamente ilesos da batalha.

O "Tigre da Malásia" conservou uma calma verdadeiramente admirável naquela situação, apesar de ter perdido para sempre sua ilha e seu poderio. E isso se devia ao fato de que ainda lhe restava, mesmo depois deste desastre, sua adorada Mariana. Depois de uma curta caminhada, os piratas chegaram às margens de um rio, aonde a linda jovem encontrava-se junto aos homens que a protegiam.

A "Pérola de Labuán" lançou-se nos braços de Sandokan, que por sua vez estreitou-a ternamente contra seu peito.

— Graças a Deus que está vivo! — exclamou ela.

— Vivo sim, mas derrotado! — replicou ele, tristemente.

— O destino quis assim. Resigne-se.

— Bem, vamos embora, antes que o inimigo nos ache. Temo que ainda tenhamos que lutar — disse Sandokan.

Ao longe se escutava o grito dos vencedores e divisava-se o resplendor de uma luz intensa, sinal evidente que o povoado havia sido entregue às chamas de um pavoroso incêndio.

Depois de fazer Mariana montar, a escassa tropa pôs-se imediatamente em marcha em direção às costas ocidentais, onde acreditavam poder resguardar-se antes que o inimigo pudesse interceptar-lhes a retirada.

Eram já onze da noite quando chegaram onde os três paraus estavam ancorados.

— Rápido! Temos que egbmbarcar imediatamente — disse Sandokan. — Não podemos perder nem um só minuto!

— Eles irão nos atacar? — perguntou Mariana.

— É possível. Mas, não tema, porque meu peito te servirá de escudo contra os disparos, e minha cimitarra irá defendê-la contra esses malditos que me esmagaram com sua superioridade.

— Talvez possamos fugir sem que nos vejam — disse Mariana.

Sandokan não respondeu. Depois de soltar um profundo suspiro, enxugou a fronte, impregnada de suor.

— Vamos, é hora de embarcar! — ordenou a seus homens.

Quase todos os piratas tinham lágrimas nos olhos. Trinta deles embarcaram no parau menor, o restante, uma parte embarcou no parau que Yáñez conduzia, e que levava também os imensos tesouros do chefe, e o restante embarcou no parau aonde iam Sandokan e Mariana.

No momento em que levantaram âncoras, o "Tigre da Malásia" levou as mãos ao peito, como se seu coração tivesse explodido, e ele sentisse grande dor.

— Lamenta muito a perda de sua ilha e de seu poderio, não é verdade Sandokan? — disse Mariana, acariciando os cabelos do pirata.

— Sim, minha amada! Aqui deixo toda a minha vida.

— Talvez algum dia possamos voltar e reconquistá-la novamente.

— Não! Tudo terminou para o "Tigre da Malásia".

Instantes depois os três paraus afastavam-se da ilha, levando consigo os últimos sobreviventes dos formidáveis bandos de piratas que durante doze anos haviam espalhado o terror nos mares da Malásia.

Quando já tinham percorrido várias quilômetros, viram aparecer de improviso nas trevas, dois pontos luminosos que seguiam a mesma rota.

— Atenção, são navios! — gritou alguém.

Sandokan, que via sua ilha desaparecer lentamente por entre as sombras, levantou-se bruscamente.

E com um acento intraduzível, apertando as mãos de Mariana, que estava ao seu lado, exclamou como se rugisse:

— O inimigo, outra vez! Até no mar estes malditos querem me perseguir? Muito bem! Tigres, às armas!

Como todos os piratas ardiam em desejos de vingança, brandiram imediatamente as armas e prepararam-se para a abordagem, assim que seus chefes assim o ordenassem. Forjava-se a ilusão de que em um combate desesperado ainda poderiam reconquistar a ilha perdida.

— Mariana — disse Sandokan à jovem — vá para o seu camarote.

— Deus meu, estamos perdidos, não é verdade? — murmurou ela, aterrada.

— Ainda não! Os tigres de Mompracem saberão vingar-se! Não tema, querida!

— E por que quer tentar um novo combate? — disse ela.

— É provável que esses dois barcos não nos tenham visto ainda! Poderíamos passar despercebidos!

— Tem razão, Mariana — disse Yáñez. — Estou certo de que nos procuram, mas duvido muito que nos tenham visto nesta noite tão escura! Tenha prudência, Sandokan. Todos ganharemos se conseguirmos evitar um novo combate.

— Será como quiser! — respondeu o "Tigre", depois de um momento de reflexão. — Agora, conterei a fúria que me abrasa, e tratarei de fugir deles, mas, ai se tentarem me seguir!... Eles então saberão quem eu sou!

Pouco depois, uma ordem de Sandokan fez com que os três paraus virassem a bombordo e se dirigissem às costas meridionais da ilha, onde havia um lugar apropriado para abrigar a pequena frota.

— E os dois barcos que nos seguiam? — perguntou Mariana, ao cabo de uns instantes.

— Também viraram a bombordo e estão vindo em nossa direção — respondeu Sandokan.

— E não conseguiremos fugir deles? — perguntou a jovem.

— Creio que não. Como vamos lutar com suas máquinas? Se o vento soprar mais forte, talvez então...

— Sandokan, tenho tristes pressentimentos.

— Não tema, Mariana! Todos estamos dispostos a defendê-la!

— Eu sei, mas temo por você!

— Por mim? — exclamou Sandokan, tentando sorrir. — Eu não tenho medo deles! O "Tigre" está vencido, mas não foi domado...!

Mas Sandokan foi interrompido por uma voz vinda do outro parau, e que ele reconheceu ser do português.

— O que foi, Yáñez? — perguntou-lhe.

— Creio que esses dois barcos tentam impedir-nos a retirada. A luz de seus faróis é agora verde, ao invés de vermelha, e isso indica que mudaram de rumo.

— Então, quer dizer que nos viram?

— Acho que sim.

— O que me aconselha fazer, irmão?

— Tentar passar audazmente por entre o inimigo. Repare, para nos pegar no meio, afastam-se um do outro.

Yáñez não se enganava. Os dois barcos haviam-se separado e iniciavam uma manobra um tanto estranha pois, enquanto um marchava para as costas meridionais de Mompracem, o outro se dirigia para as costas setentrionais.

Suas intenções eram bem claras. Queriam interpor-se entre os paraus e a costa, para acometê-los em alto-mar, antes que pudessem refugiar-se em alguma baía. Sandokan deu um grito de raiva ao ver isto.

— Querem lutar novamente? — disse. — Pois bem, que seja assim!

— Espere, "Tigre"! — gritou Yáñez em seu barco. — Vamos tentar passar por entre os dois barcos inimigos!

— Mas o vento está muito fraco!

— Não importa! — replicou o português. — Todos aos seus postos de combate! Virar para oeste!

Segundos mais tarde os três veleiros mudaram de rumo, dirigindo-se para o poente. Os dois barcos inimigos mudaram também de direção, ao compreenderem a audaz manobra dos piratas. Era evidente que queriam rodear os três paraus.

Por um espaço de quase meia-hora, seguiram avançando rapidamente para fugir do cerco dos barcos inimigos.

Os piratas, dispostos a dispararem os canhões e fuzis à menor ordem de seus chefes, olhavam para seus inimigos tentando adivinhar-lhes sua intenção. Então, ouviu-se o grito de Yáñez:

— Cuidado! Querem nos caçar!

— Ah, malditos! — exclamou Sandokan. — Agora verão o chumbo que temos para vocês!

— Tenho medo! — disse Mariana, abraçando o pirata.

— Vá, volte para o seu camarote! — respondeu Sandokan. — A luta já vai começar! Aqui está correndo perigo!

— Eu quero ficar ao seu lado. Se você cair, eu morrerei junto a você.

— Não, querida. Preciso estar livre para voltar a ser o "Tigre da Malásia".

— Deixe-me ficar ao seu lado até que estes navios cheguem. É possível que ainda não tenham nos visto.

— Não, querida. Estão vindo a toda velocidade em nossa direção.

— São navios poderosos?

— Um canhoneiro e uma corveta.

— Não poderá vencê-los, não é verdade?

— Não sei. Somos valentes, e abordaremos o navio maior. Agora, vá para o seu camarote.

Naquele instante, ressoou um tiro de canhão e uma bala passou sibilando, furando uma das velas do parau de Sandokan.

— Eles nos viram, e querem acabar conosco — disse o pirata. — Vejam! Tentam nos colocar a pique.

Com efeito, os navios inimigos avançavam velozmente, como se quisessem passar por cima dos três veleiros piratas.

Enquanto a canhoneira lançava-se contra o parau de Yáñez, a corveta dirigia-se contra o parau de Sandokan.

— Rápido, para o seu camarote! — gritou o pirata, enquanto a corveta disparava um segundo tiro. — Aqui está correndo perigo!

E pegando a jovem em seus vigorosos braços, transportou-a para seu camarote, enquanto um furacão de metralha varria a coberta do barco.

— Não me deixe! — exclamou Mariana. — Tenho medo, Sandokan!

Mas este a apartou com um gesto delicado, dizendo:

— Não tema por mim! Deixe-me participar desta última batalha, e guiar meus tigres para mais uma vitória!

No mar, o canhão troava furiosamente. E na ponte do veleiro escutavam-se os gritos selvagens dos piratas.

O "Tigre da Malásia" desvencilhou-se dos braços de Mariana e precipitou-se pela escada, gritando com todas as suas forças:

— Ânimo, valentes! O "Tigre" está com vocês!

O combate era feroz. O canhoneiro estava levando a pior. Havia tentado abordar o parau de Yáñez, mas a artilharia deste o havia maltratado bastante, rompendo-lhe o mastro,

destruindo-lhe a amurada e quebrando suas rodas. A vitória não oferecia dúvidas por aquele lado.

O pior era que a corveta estava ali, e era um navio poderoso, tripulado por muitos homens e armada com canhões.

Cobria com metralha e tiros de canhão incessantes o parau de Sandokan, e fazia grandes estragos entre seus homens.

Ao verem o "Tigre da Malásia", os piratas reanimaram-se, já que começavam a sentirem-se impotentes diante do ataque inimigo.

Lançando-se para um dos canhões, aquele homem formidável gritou com uma ferocidade incrível:

— Adiante, meus valentes!

Apesar de sua presença, não conseguiu, contudo, mudar os rumos do combate.

Certo é que nenhum de seus tiros falhava e que varria a corveta com nuvens de metralha, mas as balas e granadas caíam também sem trégua sobre seu parau, dizimando seus homens e desmantelando sua embarcação.

Sandokan então se deu conta de que seria impossível a vitória.

Realmente, os dois paraus ficariam reduzidos a nada em poucos minutos.

Só Yáñez tinha alguma vantagem sobre o canhoneiro, causando-lhe grandes estragos. O chefe pirata, com um rápido olhar, percebeu a gravidade da situação. E ao dar-se conta de que o outro parau estava quase que completamente destruído, abordou-o.

— Embarque aqui todos os sobreviventes! — ordenou.

Em seguida, desembainhando furiosamente sua cimitarra, gritou com todas as suas forças.

— Vamos, tigres! Para a abordagem!

A coragem dos piratas era aumentada pelo desespero. A primeira coisa que fizeram foi descarregar de uma só vez os

dois canhões e as colubrinas, para derrubarem toda a resistência nas amuradas, e em seguida, trinta valentes lançaram-se à abordagem da corveta.

— Tenha cuidado, Sandokan! — gritou então Mariana.

— Não tema, meu amor, o triunfo será nosso! — replicou o pirata.

Naquele exato instante, Yáñez, mais afortunado, conseguiu pôr o canhoneiro a pique, metendo-lhe uma granada certeira.

Sandokan, por sua parte, à frente de seus homens, precipitou-se para a ponte da corveta, rugindo como um leão ferido.

— Sou o "Tigre da Malásia"! — gritou, brandindo sua temível cimitarra. — Agora vocês verão, malditos!

E seguido de seus valentes, foi enfrentar os marinheiros, a quem rechaçou até a popa. No entanto, pela proa apareceu outra coluna de soldados, comandados por um oficial da Marinha a quem Sandokan reconheceu imediatamente.

— Ora! É você! — exclamou o chefe pirata, precipitando-se contra o baronete Rosenthal.

— Onde está Mariana? — perguntou o oficial, com a voz embargada pela cólera.

— Aqui está, pegue-a! — respondeu o "Tigre da Malásia". E o derrubou com um golpe de cimitarra.

Mas quase que ao mesmo tempo, recebeu um tremendo golpe na cabeça, que o fez cair desmaiado sobre a coberta.

XIV
OS PRISIONEIROS

Ao voltar a si, Sandokan, meio ofuscado ainda pelo terrível golpe em sua cabeça, encontrou-se preso na coberta da corveta, ao invés de encontrar-se em sua própria embarcação.

Acreditou estar preso a um terrível pesadelo, mas não tardou a voltar à realidade quando viu as correntes que o prendiam e sentir a dor que martirizava seu corpo, coberto de feridas por conta das baionetas inimigas.

Enquanto punha-se de pé, sacudiu furiosamente as correntes que o prendiam, e lançou ao redor um olhar inquieto, como se não pudesse acreditar no que estava acontecendo.

Um grito feroz então rasgou o ar, e apertando os dentes, ao mesmo tempo em que tentava romper as correntes que o prendiam, exclamou:

— Estou aprisionado! O que aconteceu? Como estes ingleses me venceram novamente? E Mariana? Onde está Mariana?

E, ao pensar na possibilidade de tê-la perdido, um tremendo espasmo oprimiu-lhe o coração.

— Minha amada! — gritou, enquanto se retorcia, torçando as correntes. — Onde está, Mariana? E os outros? Yáñez, Inioko, meus tigres...! Ninguém responde! Estarão todos mortos? Não, é impossível! Ou estou louco, ou isto é um pesadelo!

E aquele homem que jamais havia sabido o que era o medo, então o experimentou naquele instante.

Olhou com espanto ao seu redor, e sentiu que a razão lhe faltava.

— Mortos! Todos estão mortos! — exclamou, angustiado. — Somente eu sobrevivi a este desastre! Aonde me conduzirão agora? Certamente para Labuán. Minha amada Mariana! Meu bom amigo Yáñez! Meu valente Inioko! Ao que parece, todos caíram sob o chumbo destes assassinos! Meu Deus, que catástrofe! Preferia estar morto, estar no fundo do mar com o meu barco! Sim, isso seria mil vezes melhor!

E então, sentindo-se acometido por um ímpeto de desespero e loucura, arrojou-se outra vez contra a amurada, sacudindo as correntes como que enlouquecido.

— Matem-me! Eu quero morrer! — gritou. — O "Tigre da Malásia" já não pode viver!

De repente, deteve-se ao escutar uma voz que gritava perto dele:

— Quem fala do "Tigre da Malásia"? Ele ainda está vivo?

O chefe pirata olhou ao redor, intrigado, mas sem conseguir ver nada. Uma pequena lanterna acesa, presa num prego, proporcionava a pouca luz que ali havia, não sendo suficiente para poder distinguir a pessoa que estava falando.

Sandokan não viu nada além de barris, no entanto, forçando a vista, descobriu um pouco depois, perto da carlinga do mastro maior, uma figura humana acocorada.

— Quem está falando do "Tigre da Malásia"? — repetiu a voz.

— Sabe algo de mim, capitão?

Aquele acento não era desconhecido a Sandokan. Enquanto ele estremecia de contentamento, um relâmpago de esperança brilhou em seus olhos.

— Algum dos meus homens encontra-se aqui? — perguntou. — Talvez Inioko?

— Inioko! Conhece-me! Então, não estou morto!

Sacudindo lugubremente as correntes, o homem levantou-se.

— Inioko! — exclamou Sandokan.

— Capitão! — respondeu o outro.

Inioko precipitou-se aos pés de Sandokan, repetindo:

— Meu capitão! Eu o acreditava morto!

Aquele novo prisioneiro era o comandante do terceiro parau. Tratava-se de um dayaco valente, que gozava de grande fama entre as bandas de Mompracem, devido ao seu valor e habilidade como marinheiro.

Era alto, bem proporcionado, com olhos grandes e inteligentes e pele dourada.

Seus braços e pernas eram adornados com grandes braceletes de bronze e cobre, e usava os cabelos compridos, como todos os seus compatriotas.

Aquele homem valente agora ria e chorava, ao encontrar-se diante do "Tigre da Malásia".

— Ainda vivo! — exclamava. — Que felicidade! Pelo menos o senhor conseguiu livrar-se de tamanha desgraça!

— O que está dizendo? — gritou Sandokan. — Quer dizer que todos os valentes que me acompanhavam morreram?

— Sim, todos! — exclamou o dayaco, com voz emocionada.

— E Mariana? O que aconteceu com ela? Diga-me, Inioko, não me esconda nada!

— Ainda vive, capitão.

Um grito de alegria escapou dos lábios de Sandokan.

— Está certo do que está me dizendo?

— Sim. Quando o senhor caiu, quatro companheiros e eu continuamos resistindo. Então, vi que levavam Mariana.

— Quem?

— Os ingleses, capitão. A jovem teve medo da água que entrou em seu camarote, e saiu para a coberta. Ao vê-la, alguns marinheiros a resgataram. Se demorasse um pouco mais, a esta hora não estaria viva.

— Então, ela ainda vive!

— Sim, meu capitão. No momento em que subia à ponte, não parava de chamá-lo.

— Maldição! E eu não pude ajudá-la!

— Nós tentamos, mas não éramos suficientes. Cinquenta marinheiros nos rodeavam, e no entanto, nós nos lançamos contra eles, tentando resgatar a rainha de Mompracem. Como éramos muito poucos, acabaram por nos vencer.

— E o que aconteceu aos demais? — perguntou Sandokan.

— Morreram como valentes!

— Então, Mariana está a bordo deste barco, não é verdade?

— Sim, "Tigre".

— Não foi levada para o canhoneiro?

— Creio que o canhoneiro já não navega.

— O que?

— Ele foi posto a pique por nossos homens.

— Por Yáñez?

— Sim, capitão.

— Então, ele ainda está vivo!

— Pouco antes de me trazerem para cá, pude distinguir seu parau fugindo rapidamente, com todas as velas içadas. Foi de Yáñez o tiro certeiro que destruiu as rodas do canhoneiro, incendiando-o em seguida.

— E da nossa tripulação, ninguém fugiu?

— Ninguém, capitão — respondeu Inioko.

— Todos mortos! — exclamou Sandokan, apertando as mãos. — Viu cair Singal, o mais valente dos piratas?

— Caiu lutando bravamente ao meu lado.

— E Sangau, o leão de Romades?

— Nós o vimos desaparecer, tragado pelo mar.

— Pobres companheiros! — exclamou. — A fatalidade abateu-se sobre os últimos tigres de Mompracem!

Dolorosas recordações passavam pela mente de Sandokan. Ele sentia-se esmagado por aquele desastre, no qual havia perdido sua ilha, e a morte havia-lhe arrebatado seus mais queridos companheiros, que sempre o haviam seguido para todos os lados, sempre dispostos. Mas a dor maior era produzida pela perda da mulher que ele tanto amava, sua adorada Mariana.

Apesar de tudo, aquele abatimento não podia durar muito em um homem de sua têmpera. Nem dez minutos depois, Sandokan levantou-se de um salto, com os olhos brilhando pela emoção.

— Acha que Yáñez nos seguirá? — perguntou a Inioko.

— Estou certo disso, capitão. Não creio que nos abandone nestas circunstâncias.

— Assim eu espero! Qualquer outro homem, em seu lugar, nos deixaria aqui, e fugiria com todas as riquezas que leva no parau. Mas não Yáñez! Ele não irá me trair assim.

— O que o senhor quer dizer com isto, capitão?

— Que fugiremos!

Ao escutar aquilo, o dayaco o olhou estupefato, perguntando-se em seu íntimo se o "Tigre da Malásia" não teria ficado louco em decorrência do golpe que havia levado na cabeça.

— Fugir, foi o que disse? — exclamou. — Mas como? Não se esqueça que estamos acorrentados aqui e não temos nem uma arma sequer.

— Conheço um meio para que nos atirem ao mar.

— Quem vai nos atirar ao mar, capitão? Não estou entendendo!

— Quando um homem morre a bordo de uma embarcação, o que fazem com ele?

— Jogam-no ao fundo do mar, para que sirva de comida aos peixes.

— Pois é isso que irão fazer conosco — disse Sandokan.

— O senhor está dizendo que iremos nos suicidar?

— Sim, mas de um modo que possamos ressuscitar facilmente.

— Hmmm, perdoe-me, mas tenho minhas dúvidas, capitão!

— Não acredita em mim? Pois eu te digo que acordaremos vivos, e livres no mar!

— Não tenho outro remédio senão acreditar no que o senhor está dizendo, capitão.

— Tudo depende de Yáñez.

— Provavelmente ele não deve andar longe daqui.

— No entanto, não duvide que, se ele não tiver perdido de vista a corveta, irá nos resgatar cedo ou tarde.

— E então?

— Iremos primeiro a Mompracem, e depois até Labuán, até podermos libertar Mariana.

— Tudo isso me parece bem difícil! — exclamou o dayaco.

— Está duvidando do que eu te disse?

— Um pouco, capitão, falando francamente. Estamos sem armas, não temos nem um cris sequer...

— E para que quer armas? Não nos fará falta! Você verá!

— Mas estamos acorrentados e isso...

— Acorrentados...! — interrompeu-o Sandokan. — Não sabe que o "Tigre da Malásia" pode fazer em pedaços os ferros que o aprisionam? Você vai ver! A minha força...!

E com grande esforço, retorceu raivosamente as correntes, e dando um puxão tremendo, lançou as correntes para longe.

— Já estou livre! — gritou. — Agora você verá!

Naquele instante, a escotilha da popa levantou-se, e a escada estalou sob o peso dos homens que subiam.

— Estão vindo! — disse o dayaco.

— Pois logo vão saber por que sou o "Tigre da Malásia" — gritou Sandokan, dominado por profunda cólera.

E vendo uma manivela quebrada no chão, pegou-a e fez um movimento para lançar-se escada abaixo; mas o dayaco o deteve no ato com suas palavras:

— Mas o que está fazendo, capitão? Quer que o matem? — disse. — Na coberta estão outros duzentos homens, armados até os dentes!

— Tem razão! — respondeu Sandokan, atirando para longe a manivela. — O "Tigre" está vencido! Agora eu já não sou nada...!

Três homens aproximavam-se. Um era o comandante da corveta, um tenente de navio, os outros dois eram simples marinheiros que o acompanhavam.

O chefe fez um sinal e os dois marinheiros armaram as baionetas e apontaram para os prisioneiros.

Um sorriso desdenhoso apareceu nos lábios do "Tigre da Malásia".

— Está com medo — perguntou — ou o senhor desceu para me apresentar estes homens armados?

E depois de uma breve pausa, ao ver que o oficial não lhe respondia, continuou:

— Saiba que seus fuzis não me fazem tremer. O senhor podia ter evitado este espetáculo estúpido.

— Já sei que o "Tigre da Malásia" não tem medo — respondeu o tenente. — Limitei-me a tomar algumas precauções.

— Precauções frente a um homem desarmado?

— Mas não acorrentado, pelo que estou vendo.

— É que meus punhos não gostam de ficarem prisioneiros por muito tempo.

— Isso demonstra que o senhor tem uma grande força.

— Muito bem, senhor oficial, deixemos de conversa: diga-me o que deseja.

— Venho aqui para saber se precisa de tratamento para as suas feridas.

— Eu não estou ferido.

— Não recebeu um golpe na cabeça?

— Sim, mas meu turbante o amorteceu bastante. Se não fosse assim, a esta hora estaria morto. O senhor terminou?

— Ainda não, "Tigre da Malásia".

— Então, o que mais quer de mim?

— Uma senhora enviou-me...

— Mariana? — interrompeu-o Sandokan.

— Sim, a senhorita Guillonk — respondeu o oficial.

— Ela está viva, não é? — perguntou Sandokan, sentindo o rosto enrubescer pela emoção.

— Sim, "Tigre da Malásia". Conseguimos salvá-la no momento exato em que o barco afundava.

— Oh, por favor, fale-me dela! Por favor!

— Para que?... Senhor, permito-me aconselhá-lo a esquecê-la para sempre.

— Esquecê-la? — exclamou Sandokan. — Jamais!

— Mas, ainda tem esperanças de vê-la? A senhorita Guillonk está perdida para o senhor, para sempre!

— Tem razão! — murmurou o chefe pirata, suspirando. — Eu não sou mais do que um homem condenado a morrer!

O oficial não respondeu, mas o seu silêncio foi como uma afirmação. O "Tigre da Malásia" estava realmente sentenciado à morte.

Sandokan, depois de alguns segundos de silêncio, prosseguiu:

— Minhas vitórias deviam trazer-me uma morte terrível. Pode dizer-me para onde me conduzem? Para Labuán, não é verdade?

— Sim, para Labuán — respondeu o tenente.

— E irão me enforcar?

O oficial permaneceu em silêncio também esta vez.

— Não tema. Pode dizer-me claramente — acrescentou Sandokan. — O "Tigre da Malásia" nunca tremeu diante da morte!

— Ninguém ignora que o senhor é o homem mais audaz e valente de Bornéu, e que desafiou a morte em cem abordagens.

— Então, diga-me qual é a minha situação agora, e o que pensam em fazer comigo.

— O senhor não está enganado: irão enforcá-lo assim que chegar a Labuán.

— E por que não me dão a morte reservada aos soldados?

— Fuzilamento?

— Sim — respondeu o chefe pirata.

— Preferia ser fuzilado.

— Pois eu, não só pouparia sua vida, como também lhe daria o comando de um exército na Índia — replicou o tenente. — Hoje em dia são muito raros os homens audazes e valentes como o senhor.

— Obrigado por sua opinião, tenente, mas não me salvará da morte! Existem pessoas que me odeiam muito e me temem em demasia para que eu fique vivo!

— É certo. Meus compatriotas, ainda que admirem sua coragem extraordinária, o temem, e não ficarão tranquilos até vê-lo bem longe ou então morto.

— O senhor ignora, tenente, que esta era a minha última batalha. Planejava ir para bem longe daqui, não por temer meus inimigos, mas para ter uma vida tranquila ao lado da minha adorada Mariana.

Sandokan fez então uma breve pausa, para então continuar:

— Mas o destino não quis que eu realizasse este sonho!

— O senhor já não ama mais a senhorita Guillonk?

— Amo-a como nunca amei a mulher alguma — exclamou Sandokan, com a voz amargurada. — O senhor não pode imaginar a paixão que ela despertou em mim! E ainda que o senhor me desse a liberdade, com a condição de não vê-la nunca mais, recusaria imediatamente. Não acredita no que eu falo? Pois o senhor então veja, eu estou só e sem armas, e no entanto, se tivesse a menor esperança de poder salvar Mariana, seria capaz do maior esforço, até afundar este navio com todos vocês dentro!

— Não se esqueça que somos muitos — replicou o oficial, com um sorriso de incredulidade. — Como sabemos de sua valentia, e de tudo o que é capaz, tomamos nossas precauções. Aconselho-o a não tentar nada, porque seria completamente inútil. O senhor bem sabe que uma simples bala de fuzil pode abater o homem mais valente do mundo.

— Prefiro esta morte à que me espera em Labuán! — disse Sandokan, com desespero. — Mas advirto-lhe, tenente, que algo pode acontecer antes de chegarmos ao nosso destino.

— O que o senhor quer dizer com isto? — perguntou o oficial, olhando para Sandokan com certo receio.

— Isso não importa! Tanto faz que eu morra de um jeito ou de outro. Mas antes que isso aconteça...

— Provavelmente eu não o impediria de suicidar-se — replicou o tenente. — E digo-lhe que é realmente indigno que morra na forca.

O chefe pirata permaneceu em silêncio, olhando fixamente para o oficial, como se duvidasse da veracidade daquelas palavras. E então, perguntou com interesse:

— Desejaria ver Mariana pela última vez. O senhor sabe bem que isto é o que eu mais desejo neste mundo!

O oficial permaneceu silencioso e indeciso.

— Eu lhe imploro! — insistiu Sandokan.

— Ao sair de Labuán, recebi a ordem de mantê-los separados, por outro lado, parece-me que seria melhor para o senhor e para lady Guillonk que eu impedisse este encontro. Mas se a ama tanto assim, por que fazê-la sofrer?

— O senhor será capaz de cometer ato tão terrível? Jamais pude imaginar que um homem de verdade fosse capaz de converter-se em um infame verdugo! O senhor me causa pena!

O oficial empalideceu ao escutar estas palavras:

— Juro-lhe que recebi estas ordens. Sinto muito que o senhor duvide de minhas palavras, "Tigre da Malásia"!

— Suplico seu perdão, caso o tenha ofendido! — disse Sandokan.

— Não se preocupe, compreendo bem o estado de ânimo em que se encontra. Vou ceder ao seu desejo, ainda que esteja certo de que irá causar grande dor a lady Guillonk vê-lo neste estado.

— Eu lhe imploro! Nada direi sobre a minha morte.

— E o que irá lhe dizer, então?

O chefe pirata demorou uns instantes antes de responder.

— Há certos lugares — disse — onde deixei enormes tesouros ocultos, cuja existência ninguém conhece. É a única coisa que posso deixar para ela, e Mariana irá dispor destas riquezas como bem entender. Diga-me tenente, quando irei vê-la?

— Antes do anoitecer.

— Muito obrigado, tenente!

— Farei o que me pede — disse o oficial.

— Apesar das tristes circunstâncias em que me encontro, o senhor me fez um homem feliz! Enfim, tudo terminou! Que se cumpra o destino!

— Adeus, "Tigre da Malásia"! — despediu-se o oficial.

— Adeus! Tenho a sua promessa?

— Sim. Dentro em pouco o senhor verá lady Mariana. Dei-lhe minha palavra e eu sempre a cumpro.

E dando meia-volta, o oficial, seguido por seus dois soldados, voltou a subir para a coberta.

ഏഴയാരുള്ള

Sandokan ficou em pé, vendo-o partir com um estranho sorriso nos lábios. Inioko aproximou-se com cautela e perguntou:

— Que notícias ele trouxe, capitão?

— Ótimas notícias! — respondeu o chefe pirata. — Esta noite estaremos em liberdade!

— O que está dizendo? Tem certeza disso, capitão? E se não pudermos fugir?

— Nesse caso, daremos cabo deste navio, e morreremos todos!

E depois disso, ficou alguns momentos em silêncio, para acrescentar em seguida:

— No entanto, vamos esperar! Mariana nos ajudará! Estou certo disso, você verá!

XV
A Fuga

Assim que o oficial partiu, o "Tigre da Malásia" sentou-se em um degrau da escada, e com a cabeça apoiada nas mãos, mergulhou em seus pensamentos.

Suas feições demonstravam imensa dor; e se fosse capaz de chorar, grossas lágrimas teriam escorrido por sua face.

Inioko estava acocorado a uma pequena distância de Sandokan, e olhava seu chefe ansiosamente, sem atrever-se a perguntar acerca de seus projetos.

Não teria transcorrido mais de meia hora, quando a escotilha tornou a levantar-se. Sandokan ergueu-se rapidamente ao ver entrar um raio de luz.

Olhou para a escada e viu uma mulher descer. Era Mariana, chorosa, pálida, desesperada. Estava acompanhada pelo oficial, que apoiava a mão direita sobre a pistola que trazia no cinturão.

— Minha amada! — exclamou Sandokan. — Finalmente eu torno a vê-la!

— Oh, querido! — murmurou ela, explodindo em soluços. — Pensei que não iria vê-lo nunca mais! Que desgraçados somos!

— Ânimo, Mariana! Não chore! Suas lágrimas me desesperam!

— Sandokan, eu não quero que você morra! Quero que continue sendo meu! E eu vou defendê-lo contra tudo e contra todos, e vou libertá-lo...!

— Minha adorada! Não sabe que estão me levando para Labuán, para me enforcar?

— Não tema, eu o salvarei!

O pirata olhou receoso para onde estava o oficial, e disse em voz baixa:

— Se me ajudar, conseguiremos a liberdade.

— Tem algum plano? — exclamou ela, sem poder ocultar sua alegria.

— Sim, se Deus nos proteger! Escute-me, meu amor!

E levando a jovem para o mais longe possível, para que o tenente não pudesse escutá-lo, disse então:

— Decidi fugir, e espero conseguir meu intento. Mas você não poderá vir comigo, querida.

— Por que? Pensa então que não seria capaz de segui-lo, ou então que não sou corajosa o suficiente para suportar tudo? Sabe muito bem que sou decidida, e que não temo a nada nem a ninguém...

— Não pode ser, Mariana! Daria o mundo inteiro para que pudesse levá-la comigo, mas é impossível. No entanto, preciso que me ajude, ou então tudo será inútil. E eu juro que você não ficará muito tempo com seus compatriotas.

A linda jovem ocultou o rosto entre as mãos e começou a soluçar:

— Como vou viver sem você? — murmurou.

— Não temos outro jeito, Mariana! Preste atenção!

Sandokan tirou do bolso uma pequena caixa, abriu-a e mostrou então a Mariana algumas pílulas que exalavam um odor penetrante.

— O que é isso? — perguntou a jovem, muito intrigada.

— Essas pílulas — respondeu o pirata — contêm um poderoso veneno, mas não mortal. Têm a propriedade de deixar letárgico um homem forte, durante umas seis horas. É como um sono, muito parecido com a morte, e que engana até o médico mais experiente.

— E você quer...?

— Sim. Eu e Inioko iremos tomar esta pílula. Pensarão que estamos mortos, e lançarão nossos corpos ao mar, e então... E então recobraremos a liberdade.

— E não irão se afogar?

— Não, e para isso preciso de você!

— Fale, peça, Sandokan... Diga-me o que fazer! Estou disposta a tudo!

O pirata lançou outro olhar para o oficial, que não havia se movido de seu posto, e depois de consultar seu relógio, disse:

— Agora são seis horas. Dentro de uma hora meu companheiro e eu daremos um grito e tomaremos a pílula. Escute-me bem! Quando nos ouvir gritar, marque bem a hora, e acrescente seis horas! Antes disso, terá que fazer com que nos atirem ao mar! Compreendeu?

E sem esperar pela resposta da jovem, prosseguiu:

— Deve procurar tirar os pesos que irão nos atar, para que afundemos. E veja se consegue lançar alguma bóia ao mar, para que possamos nos agarrar a ela. Se isto não for possível, ache alguma forma de ocultar em nossas roupas, algo para cortar as cordas. Entendeu?

— Sim. E então, o que irá fazer? Para onde irá?

— Tenho certeza de que Yáñez nos segue e que nos recolherá. Imediatamente reunirei armas e piratas para resgatar você, adorada! Para isso, sou capaz de marchar sobre Labuán e passar a ferro e fogo todos os seus habitantes.

Em seguida, acariciou a jovem suavemente, afogou um suspiro, e enquanto limpava uma lágrima que rolava por seu rosto, exclamou como que fora de si:

— Você não sabe o quanto eu a amo, Mariana! Mas é preciso que nos separemos! Vá, por favor, porque se permanecer aqui mais tempo, vou chorar como uma criança. Adeus...

— Sandokan, meu amor... — exclamou a jovem, com desespero. — Adeus...

Quando Sandokan ficou novamente só, ocultou o rosto entre as mãos e gritou com voz triste:

— A sorte está lançada! Agora só me resta levar adiante meu plano! Mas, será que conseguiremos?

Sentou-se então aos pés da escada e permaneceu quase uma hora consumido por seus tristes pensamentos. Inioko tentou consolá-lo.

— Ânimo, capitão! — disse ele. — Não vamos nos desesperar agora!

O chefe pirata pôs-se de pé com um movimento brusco e enérgico:

— Tem razão! Vamos fugir!

— Não espero outra coisa! — replicou Inioko.

Sandokan pegou então a minúscula caixa, e tirou de lá duas pílulas, entregando uma a Inioko, que a pegou sem receio.

— Tome-a quando eu fizer o sinal.

— Certo, capitão.

O pirata então consultou seu relógio.

— Faltam dois minutos para as sete — tornou a dizer. — Dentro de seis horas retornaremos para a vida em pleno oceano.

Então fechou os olhos e tomou a pílula, enquanto fazia sinal para Inioko. Este imitou seu chefe.

Quase que imediatamente, aqueles dois homens começaram a sentir um violento espasmo, caindo então ao chão, dando gritos agudos.

Mesmo com o barulho infernal produzido pelas máquinas do navio, todos os que estavam na coberta escutaram aqueles gritos terríveis. Mariana estava por perto, tomada por uma grande ansiedade.

O comandante do barco desceu precipitadamente até onde estavam os piratas, seguido pelo médico de bordo e por alguns oficiais.

Ao chegar ao pé da escada, tropeçou em dois corpos.

— Estão mortos! — exclamou então o comandante. — Aconteceu o que eu temia!

Depois de examiná-los detidamente, o médico não pôde fazer nada além de confirmar a morte dos dois prisioneiros.

Enquanto os marinheiros cuidavam dos supostos cadáveres, o tenente tornou a subir até a coberta, e aproximou-se de Mariana, que muito triste, estava apoiada na amurada.

— Senhorita — disse ele então — uma terrível desgraça abateu-se sobre o "Tigre da Malásia" e seu companheiro!

— Estão mortos, é isso?

— Sim, lady Guillonk.

Mariana fez então um esforço sobre-humano para afogar a dor que a afligia. Depois de um curto silêncio, disse ao oficial com voz enérgica:

— Senhor, vivos eles lhe pertenciam, mortos pertencem a mim! Rogo-lhe que me entregue os cadáveres!

— Está em seu pleno direito, milady, mas permita-me dar-lhe um conselho...

— Qual? Diga-me!

— Lance-os ao mar, antes que o navio chegue a Labuán. É possível que seu tio, lorde James, queira enforcar Sandokan, mesmo ele estando já morto. Não se esqueça disso, milady.

— Agradeço-lhe o conselho e vou seguir suas instruções. Mas eu lhe imploro que mande trazer os cadáveres para a popa e me deixem a sós com ele. Eu tenho que me despedir do meu grande amor!

O tenente então fez uma delicada mesura e deu as ordens pertinentes para se satisfazer o desejo da jovem.

Instantes mais tarde, os dois piratas, colocados em cima de duas pranchas de madeira, foram levados até a popa e colocados a ponto de serem lançados nas águas do mar.

Sandokan estava rígido. Mariana ajoelhou-se a seu lado e contemplou em silêncio aquele rosto sob a ação do poderoso narcótico, que ainda conservava a varonil firmeza que a todos infundia tanto temor e respeito.

Ao cair da noite, Mariana sacou de seu peito dois punhais e os ocultou um em cada pirata, tal como lhe dissera Sandokan.

Depois, com paciência sem igual, foi deixando passar o tempo, segundo por segundo. E quando chegou a hora, levantou-se pálida, porém decidida.

Resolutamente aproximou-se da amurada, desamarrou dois salva-vidas, que lançou ao mar, e disse então ao tenente, que a observava:

— Senhor, ordene que se cumpra a última vontade do "Tigre da Malásia"!

O oficial então deu uma ordem, e quatro marinheiros levantaram as duas pranchas, nas quais descansavam os supostos cadáveres.

— Aguardem um momento! — exclamou Mariana.

E chorando amargamente, aproximou-se de Sandokan e acariciou-lhe a face. Então, notou uma espécie de tremor e um leve calor. Compreendeu que iria pôr tudo a perder se demorasse mais um pouco.

Afastou-se rapidamente e com voz embargada gritou:

— Joguem-nos agora!

Os marinheiros levantaram as duas pranchas, e um segundo depois os dois piratas caíam ao mar, desaparecendo entre as negras águas, enquanto a corveta afastava-se rapidamente, deixando atrás de si um rastro branco de espuma.

XVI

YÁÑEZ

Aconteceu tudo como Sandokan havia previsto. Com efeito, a letargia durou seis horas, nem um segundo a mais, nem um segundo a menos. Assim, logo que caíram no mar, os piratas voltaram a si, sem sofrer o menor perigo.

Ao subirem à superfície, o primeiro cuidado foi lançar um olhar ao redor. Logo viram a corveta, afastando-se rapidamente em direção a Labuán.

Enquanto Sandokan flutuava por entre as ondas, manteve a vista fixa no navio que lhe roubava sua amada. Já Inioko, aturdido ainda por aquela estranha e inexplicável ressurreição, nadava vigorosamente ao redor de seu capitão.

— Perdida! — exclamou Sandokan, tristemente.

Mas fazendo um enorme esforço para acalmar sua dor, acrescentou logo:

— Vamos, Inioko! Agora sim, tudo terminou!

— Não se preocupe capitão, salvaremos a senhora Mariana em breve!

— Cale-se, amigo! Não torne minha ferida ainda maior.

Continuaram então a nadar em silêncio.

— Por que não procuramos o senhor Yáñez, capitão? — disse Inioko.

— Sim! Só ele pode nos salvar!

O amplo mar da Malásia estendia-se diante deles, envolto nas espessas trevas da noite. Só se enxergavam as ondas, chocando-se uma contra as outras, agitadas pelo suave vento noturno.

Para não esgotarem as forças, os dois náufragos nadavam lentamente, muito perto um do outro, tratando de descobrir um sinal na escura superfície, ou uma ilhota onde pudessem descansar.

Dentro em pouco toparam com os dois salva-vidas.

— Mariana os lançou! — exclamou Sandokan.

— Aonde vamos agora? — perguntou Inioko alegremente, enquanto colocava o salva-vidas.

— Creio que encontraremos Yáñez na direção noroeste, já que é dali que vinha a corveta — respondeu Sandokan.

— E acha que conseguiremos encontrá-lo, capitão?

— Assim espero.

— Não se esqueça que este mar é infestado de tubarões. Temos que ter cuidado com eles.

O chefe pirata estremeceu involuntariamente, e lançou um olhar inquieto ao seu redor.

— Esperemos que eles nos deixem tranquilos — disse. — Vamos para o noroeste. Se Yáñez nos encontrar, tentaremos chegar ao lado sul de Mompracem.

Com o intuito de se protegerem em caso de perigo, aproximaram-se ainda mais um do outro, e nadaram nesta direção, procurando, no entanto, economizar forças, pois sabiam que a terra estava distante.

E ainda que aqueles dois homens estivessem dispostos a tudo, o medo de verem-se caçados por algum tubarão os preocupava.

Inioko, em particular, sentia um verdadeiro terror. Temendo ter atrás de si alguma daquelas formidáveis criaturas, detinha-se de vez em quando para observar o horizonte, encolhendo as pernas instintivamente.

— Jamais tive medo — dizia. — Tomei parte em mais de cem abordagens e nunca senti o terror que agora sinto. O meu

163

sangue gela só em pensar que possamos talvez encontrar um destes ferozes animais. O senhor está vendo algo, capitão?

— Não — respondia Sandokan, com voz tranquila.

— É que parece que ouço atrás de mim alguns roncos e suspiros. Meus dentes estão batendo, capitão!

— Calma, Inioko! Lembre-se de que estamos trazendo um bom punhal.

— Mas, e se os tubarões nos atacarem por debaixo da água.

— Nós também mergulharemos e os enfrentaremos sem medo, confie em mim.

— Não estou vendo o senhor Yáñez. Acha que o encontraremos, capitão?

— O coração me diz que sim. Yáñez me tem em alta conta, para me abandonar a tão triste destino. Tenho esperança de vê-lo logo.

Durante mais de uma hora continuaram nadando.

— Escutou algo, Inioko? — perguntou Sandokan.

— Sim— respondeu o dayaco. — Pareceu-me a sirene de um barco.

— Fique quieto agora!

Sandokan apoiou-se nas costas de Inioko e, dando um salto, tirou mais de meio corpo fora da água. E ao olhar para o norte, viu dois pontos luminosos que navegavam a pouca distância.

— Um barco avança para nós! — disse.

— Faremos sinal para que nos recolham — replicou o dayaco.

— Primeiro temos que saber a que nação pertence! Não podemos correr o risco de sermos capturados novamente.

— Se vem do norte é mau sinal. Essa rota é perigosa.

— Eu também acho — concordou Sandokan. — Pode ser algum barco que tomou parte no ataque a Mompracem, e que anda procurando o parau de Yáñez.

— Deixaremos que ele passe, capitão?

— Sim, Inioko, porque se voltarem a nos prender, já não haveria mais salvação. Nossa liberdade vale muito.

— Talvez seja um barco mercante.

— Não creio, porque estamos fora da rota de navegação.

E então voltou a apoiar-se em Inioko, para tentar ver novamente. Saltou agilmente, e como a noite não era muito escura, pôde distinguir perfeitamente o navio que se aproximava.

— Silêncio, Inioko! Cuidado para não dar um só grito! — exclamou ele, caindo na água novamente. — É um navio de guerra!

— Grande?

— Parecido com um cruzeiro.

— Inglês?

— É o mais provável.

— Então, é melhor que não nos vejam.

— Sim, meu amigo. Prepare-se para submergir, porque esse navio passará bem perto de nós. Rápido, abandone o salva-vidas e mergulhe!

O cruzeiro, que tal como Sandokan havia previsto, avançava com grande rapidez, levantando grandes ondas à sua passagem, ia para o sul, devendo por isso passar forçosamente na direção em que os dois piratas nadavam, quase submersos.

Quando estava a cento e cinquenta metros de distância, os dois náufragos mergulharam. Ao emergirem novamente, escutaram uma voz que gritava:

— Que coisa estranha! Juraria ter visto a estibordo duas cabeças sobre a água. E agora mesmo mandaria lançar uma chalupa ao mar, se não tivesse visto um enorme tubarão.

Os dois piratas voltaram a mergulhar rapidamente ao escutarem estas palavras, mas o mergulho foi breve desta vez.

Afortunadamente para eles, ao voltarem à superfície, viram que o cruzeiro afastava-se a toda máquina rumo ao sul, deixando os dois homens no meio de uma espuma branca.

— Cuidado, capitão! — gritou então Inioko. — Não escutou que por aqui ronda um tubarão?

— Sim — respondeu Sandokan. — Fique com o punhal preparado. E não tenha medo...!

— Ele nos atacará?

— Temo que sim, Inioko! Esses monstros enxergam pouco, mas têm um olfato extraordinário.

O dayaco agitava-se entre as ondas irrequieto.

— Estou com medo, capitão! — disse ele, batendo os dentes.

— Calma, homem! Até agora não vi nada por aqui.

— Ele irá nos atacar por debaixo da água! — replicou Inioko.

— Certamente nós o escutaremos chegar.

— E os salva-vidas, capitão?

— Estão logo ali, diante de nós. Poderemos alcançá-los facilmente.

— Eu não me atrevo a mover-me daqui, senhor!

Um grande medo dominava aquele homem, a ponto de seu corpo não obedecer aos seus comandos.

— Não perca a cabeça, Inioko! — disse então Sandokan. — Se quer conservar suas pernas, fique atento. Agarre-se ao seu salva-vidas e não largue seu punhal.

O salva-vidas flutuava no meio da espuma. O dayaco, contendo-se um pouco, aproximou-se até lá.

— Vamos ver se encontramos este peixe — replicou Sandokan, procurando acalmar Inioko.

Pela terceira vez apoiou-se em Inioko e tirou o corpo fora da água, lançando ao redor uma rápida olhada.

De repente, em meio à espuma, viu surgir por entre a água uma formidável cabeça.

— Prepare-se! — disse a Inioko. — Ele está distante somente uns cinquenta ou sessenta metros.

O dayaco, morto de medo, atreveu-se a dizer:

— Ele não quis seguir aquele navio maldito!

— Ele farejou carne humana!

— Então, ele irá atrever-se a nos atacar? — perguntou Inioko.

— Dentro de alguns instantes nós veremos. Prepare seu punhal e não se mova!

Esperando com ansiedade o final daquela perigosa aventura, aproximaram-se um do outro.

Escutando com atenção, os dois homens permaneceram completamente imóveis, durante alguns minutos. Como não escutaram nada, começaram a afastar-se cuidadosamente.

Quando tinham percorrido cerca de cinquenta ou sessenta metros, viram aparecer de repente, não muito longe deles, a repulsiva cabeça do monstro, o qual, ao ver os nadadores, lançou-lhes um terrível olhar de reflexos amarelados, ao mesmo tempo que um grunhido parecido com um trovão escapou dele.

Durante alguns instantes manteve-se imóvel, na tocaia. Depois, com um rápido movimento precipitou-se para frente, batendo ruidosamente nas águas.

— Capitão! — exclamou Inioko.

O "Tigre da Malásia", que já começava a perder a paciência, em lugar de prosseguir com a retirada, colocou o punhal entre os dentes, soltou o salva-vidas e lançou-se sobre o inimigo.

— Você também busca sangue? — gritou. — Agora vamos ver se o "Tigre da Malásia" é mais forte que o tigre do mar!

— Capitão, deixe-o ir embora! — exclamou Inioko.

— Quero matá-lo! — disse Sandokan raivosamente. — Tubarão dos diabos, ataque logo!

O animal, talvez assombrado por aqueles gritos e pela audácia daquele homem, ao invés de atacar, manteve-se quieto, e depois mergulhou rapidamente.

— Agora ele irá nos atacar por baixo, capitão! — gritou o dayaco, angustiado.

167

Mas ele estava enganado. Poucos instantes mais tarde, o tubarão reapareceu na superfície, e em lugar de tentar o ataque, seguiu o rastro que o navio havia deixado. Com a vista fixa no feroz animal, os dois homens mantiveram-se quietos, e ao ver que ele se afastava, resolveram empreender a retirada, dirigindo-se para o noroeste. No entanto, o perigo não havia passado, pelo contrário, o monstro, sem deixar de brincar com a espuma, tirava meio corpo para fora de vez em quando, para verificar a direção que tomavam os dois nadadores. Sem que eles vissem, ia mantendo-se a uma distância de cinquenta metros aproximadamente. Certamente estava esperando o momento mais propício para tentar atacá-los.

Com efeito, pouco depois, Inioko, que estava mais atrasado que Sandokan, observou que o tubarão avançava rapidamente, dando fortes rabanadas.

Descreveu um amplo círculo ao redor dos nadadores, e começou a dar voltas por debaixo da água, estreitando cada vez mais os círculos.

— Cuidado, capitão! — gritou Inioko.

— Estou preparado para recebê-lo! — exclamou Sandokan. — Passou o medo que sentia?

— Não, senhor, mas estou preparado!

— Até que eu o diga, não se solte do salva-vidas. Enquanto isso, vamos tentar forçar o ritmo.

Sem perderem de vista o tubarão, os dois piratas continuaram sua fuga, agarrando com a mão esquerda o salva-vidas e na direita o punhal.

Os agudos dentes do tubarão brilhavam de modo sinistro na escuridão. Com sua poderosa cauda levantava verdadeiras ondas que impediam o avanço dos piratas.

De repente, dando um formidável salto que o fez sair quase que por completo das águas, precipitou-se sobre Sandokan, que se encontrava mais perto de Inioko. Rapidamente, o "Tigre da Malásia" soltou o salva-vidas e submergiu no mar. Enquanto isso, Inioko, que havia perdido já por completo o medo que o dominava, lançou-se por cima dele, pronto para cravar o punhal no monstro.

O tubarão, ao ver que Sandokan havia desaparecido por sob a água, dando uma rabanada, evitou o ataque de Inioko, e submergiu novamente.

Assim que Sandokan o viu próximo, dirigiu-se para ele, agarrou-o por uma de suas barbatanas do dorso, e cravou o punhal em seu ventre.

O enorme peixe, ferido de morte, afastou-se de seu adversário, dando um brusco empurrão e subiu até a superfície, para evitar que repetissem o ataque.

Ao distinguir bem próximo o dayaco, voltou-se contra ele, mas Sandokan continuava submerso.

Novamente foi ferido pelo mesmo punhal, mas desta vez a lâmina ficou cravada em sua carne.

O dayaco também aproveitou a ocasião para poder apunhalar a fera. Instantes depois o tubarão era levado pelo mar, já sem vida. Na superfície deixou uma mancha de sangue que rapidamente espalhou-se.

— Acha que ele voltará a nos incomodar, Inioko? — perguntou Sandokan.

O dayaco não respondeu. Apoiado em seu salva-vidas, procurava enxergar melhor algo que divisava bem longe.

— O que está vendo? — perguntou o "Tigre da Malásia".

— Olhe para o noroeste! — gritou Inioko. — É um veleiro! Pela sombra que se distingue, não pode ser outra coisa!

— Será Yáñez? — perguntou Sandokan, emocionado.

— Está muito escuro para ver do que se trata exatamente, mas o meu coração está batendo com tanta força, capitão! Se fosse Yáñez!

— Deixe-me subir em seus ombros.

Sandokan, apoiando-se nos ombros do dayaco, tirou meio corpo para fora da água.

— Trata-se de um parau! Maldição, se ao menos fosse mesmo Yáñez!

169

— Por que o senhor está maldizendo? — perguntou Inioko, surpreso diante daquela explosão.

— São três barcos que estão vindo, e não um só!

— Tem certeza, capitão?

— Absoluta.

— Será que o senhor Yáñez encontrou ajuda?

— Impossível!

— O que vamos fazer então? Depois destas três horas que estamos na água, confesso-lhe que as forças começam a me faltar.

— Eu entendo, Inioko! Sejam amigos ou inimigos, tentaremos fazer com que nos recolham! Grite!

Pouco tempo depois, escutou-se um tiro de fuzil, e uma voz:

— Quem pede socorro?

— Náufragos!

— Esperem um momento!

Imediatamente os três barcos vieram, aproximando-se impulsionados pela forte brisa.

— Onde estão vocês?

— Aproxime-se! — pediu Sandokan.

Houve um breve silêncio, e então uma outra voz exclamou:

— Por Júpiter! Se não estou enganado, é ele! Quem está aí?

Com todas as suas forças, Sandokan gritou:

— Yáñez, Yáñez! Sou eu, o "Tigre da Malásia"!

Uma só voz partiu ao mesmo tempo dos três barcos:

— Viva o capitão! Viva o "Tigre"!

Um grosso cabo saiu do primeiro parau, e os dois nadadores agarraram-se a ele, e com a agilidade dos macacos subiram para a coberta.

Um homem correu para Sandokan, e o estreitou fortemente contra o seu peito.

— Meu irmão, pensei que não ia vê-lo nunca mais! — exclamou Yáñez.

Sandokan também deu um forte abraço no bravo português, enquanto a tripulação continuava gritando:

— Viva o "Tigre da Malásia"!

— Acompanhe-me ao camarote — disse Yáñez, — tem muitas coisas para me contar!

Sem dizer uma só palavra, Sandokan o seguiu. Desceram até o camarote e os três barcos retomaram o seu caminho com as velas despregadas.

Yáñez destampou uma garrafa de gim e a ofereceu para Sandokan, que a bebeu em rápidos goles.

— Agora, diga-me o que aconteceu. Eu pensava que você estava prisioneiro ou até morto a bordo do vapor que há vinte horas venho perseguindo sem o menor descanso.

— Então, estava seguindo o cruzeiro! Eu sabia disso!

— Disponho de três barcos e mais de cem homens! Como queria que não o perseguisse?

— Mas, onde encontrou estes reforços?

— Ainda não adivinha quem está no comando dos barcos que nos seguem?

— Não tenho nem a mais remota ideia.

— São Paranoa e Maratua.

— Quer dizer que eles não foram a pique naquela tempestade que nos surpreendeu nos arredores de Labuán?

— Não! Paranoa refugiou-se na baía de Ambog e Maratua foi empurrado pelo temporal até a ilha de Pulo Gaya. Ficaram ali por vários dias, reparando as avarias que haviam sofrido, e depois foram até a ilha de Labuán, onde ambos encontraram-se. Quando não nos encontraram, foram para Mompracem. Eu os encontrei ali, ontem à noite. Estavam já preparados para dirigirem-se para a Índia, suspeitando que havíamos partido para ali, já que não nos encontravam em lugar algum.

— Eles desembarcaram em Mompracem? Então, quem ocupa minha ilha?

— Agora, ninguém. Depois de destruírem tudo e incendiarem o povoado, os ingleses abandonaram a ilha.

— Melhor assim — disse Sandokan, suspirando. — Agora, conte-me tudo o que aconteceu.

— Enquanto eu afundava o canhoneiro, vi que vocês abordavam o vapor. Logo escutei os gritos de alegria dos ingleses. Então, para salvar ao menos os tesouros que levava no barco, fugi; mas depois, com a esperança de abordar o cruzeiro, eu o segui.

— Eu caí desmaiado por um golpe na cabeça, na coberta do barco inimigo — disse Sandokan. — Caímos prisioneiros Inioko e eu. O que nos salvou foram aquelas pílulas que levo sempre comigo.

— Compreendo! — respondeu o português, rindo. — Pensaram que vocês estavam mortos, e os atiraram ao mar. E Mariana, o que aconteceu com ela?

— Encontra-se prisioneira no navio! — respondeu sombriamente Sandokan.

— E quem está comandando o navio?

— Era o baronete de Rosenthal. Mas durante a luta, eu o matei.

— Imaginei isso! E agora, quais são as suas intenções?

— Seguir o vapor e abordá-lo.

— Sabe qual é o rumo que ele tomou?

— Desconheço, mas quando o deixei, dirigia-se para as Três Ilhas.

— O que irá fazer ali? Não acha que ia um pouco apressado demais?

— Creio que por volta de oito nós por hora.

— Qual a vantagem que tem sobre nós então?

— Uns cinquenta quilômetros.

— Poderemos alcançá-lo facilmente, se o vento nos for favorável. Mas...

173

Yáñez foi interrompido por um grande alarido na coberta:

— O que está acontecendo? — perguntou. — Terão visto o cruzeiro?

— Vamos subir!

Rapidamente saíram do camarote, subindo para a coberta. Uma caixa de metal estava sendo retirada, naquele momento, do mar. Um dos piratas havia visto a caixa brilhando, a poucos metros de estibordo.

— O que pode ser isso? — perguntou-se Yáñez, intrigado. — Não parece uma caixa qualquer.

Sem saber o porque, Sandokan sentia-se preso por uma estranha agitação.

— Continuamos na rota do vapor? — perguntou.

— Sim — respondeu o português.

— Ah, se fosse isso!

— O que está dizendo?

Ao invés de responder, Sandokan pegou seu cris e com um golpe seco abriu a caixa. No interior encontrava-se um papel, no qual estavam escritas algumas palavras. Sandokan, com a voz tremendo de emoção, murmurou:

— Leia, meu irmão! Estou tão emocionado que a visão me escapa!

O português pegou o papel e começou a ler:

"Socorro! Estamos indo para as Três Ilhas. Meu tio irá reunir-se ali conosco, e depois me conduzirá a Sarawak. Mariana."

Um grito feroz escapou dos lábios de Sandokan. Levantando os braços, afundou os dedos no cabelo com grande fúria. Cambaleou como se tivesse recebido um balaço em pleno peito.

— Eu a perdi! Perdi para sempre! — exclamou.

Olhando-o ansiosos, Yáñez e os outros piratas o rodearam. Parecia que todos sentiam a mesma agonia do infortunado pirata.

— Não se preocupe, Sandokan! — exclamou o português. — Juro que vamos salvá-la, ainda que tenhamos que assaltar Sarawack e matar James Broocke, que é o governador! Tranquilize-se, já verá como tudo irá sair bem!

Com o rosto contraído e os olhos completamente inflamados, o "Tigre" colocou-se de pé.

— Tigres de Mompracem! — gritou. — Vamos para as Três Ilhas exterminar nossos inimigos e salvar nossa rainha!

Gritos de vingança saíam de todos os piratas, que exclamavam:

— Viva nossa rainha! Morte aos ingleses! Vingança!

Instantes depois, os três paraus mudaram de direção e dirigiram-se para as Três Ilhas, com o intuito de salvarem a rainha de Mompracem.

XVII

A ÚLTIMA LUTA DO "TIGRE"

Depois de mudar o rumo, os piratas trabalharam sem descanso a fim de prepararem-se para a luta, que esperavam ser dura.

O "Tigre da Malásia" os animava, com gestos e gritos.

— Vamos colocar este barco a pique — dizia-lhes, — este barco que me acorrentou, matou meus melhores homens e roubou minha prometida!

— Atacaremos a lorde James também? — perguntou Yáñez.

— Sim! Primeiro destruirei e incendiarei este navio maldito. Depois trataremos de impedir que lorde Guillonk apodere-se de Mariana.

— E se chegarmos demasiado tarde?

— Nós os alcançaremos na cidade de James Broocke. Mas agora, o que mais me interessa é surpreender o navio.

— E se o comandante tiver recebido ordens de matar Mariana, antes que ela volte a cair em nossas mãos? — disse Yáñez.

— Cale-se! Isso não é possível!

O português não replicou. Permaneceu em silêncio alguns instantes, até que de repente, ele deu um grito:

— Já tenho a solução!

— Fale, irmão, explique-me o seu projeto!

— A fim de que nada aconteça de grave ao navio, convém que no momento do ataque, um de nós se encontre ao lado de Mariana, para impedir que ninguém atente contra ela.

— Tem razão! Mas, como vamos conseguir isto?

— Preste atenção, Sandokan — disse Yáñez. — Recorda-se que entre a esquadra que atacou Mompracem haviam alguns paraus do sultão de Bornéu?

— Sim.

— Então, preste atenção na minha ideia. Eu vou me passar por um oficial do sultão, hasteando a bandeira de Varauni, e fingindo-me enviado de lorde James, para abordar o navio.

— Perfeitamente. E depois?

— Irei me apresentar ao comandante e lhe direi que tenho que entregar uma carta a Mariana. E assim que me encontrar com ela em seu camarote, trancarei a porta e levantarei uma barricada.

— E então? — interrompeu impaciente Sandokan.

— Quando escutar um assobio meu, vocês abordarão o navio. O que você acha?

— Ora, Yáñez! — exclamou o chefe pirata, apertando a mão do amigo. — Se eu conseguir isto, como poderei lhe pagar tão imenso favor?

— Você verá como eu vou conseguir! — limitou-se a responder o português.

— As Três Ilhas! — gritou então alguém na ponte.

— Não se esqueça que é preciso que você entregue a carta pessoalmente, se é que quer estar ao lado dela para defendê-la.

— Tenha certeza de que não a entregarei a ninguém, meu irmão.

— E se o oficial quiser acompanhá-lo?

— Se for preciso, eu o matarei! — respondeu Yáñez, calmamente.

— Sua missão é perigosa, irmão!

— Eu sei, mas espero sair vitorioso. Agora, esconda-se de uma vez e me deixe no comando dos barcos durante alguns minutos. E dirigindo-se aos piratas, acrescentou: — Espero que se lembrem que somos súditos desse grande bandido que se faz chamar por sultão de Bornéu!

Em seguida, pôs o turbante, apertou novamente a mão de Sandokan e ordenou:

— Rumo à baía!

O parau entrou audazmente pela pequena enseada e aproximou-se do cruzeiro, seguido de perto pelos outros paraus.

— Alto! Quem vem lá! — perguntou uma sentinela.

— Bornéu e Varauni! — respondeu Yáñez. — Notícias importantes de Vitória!

E dirigindo-se então aos piratas, ordenou-lhes:

— Paranoa, deixe cair a âncora! Cuidado com os tambores das rodas!

A manobra realizou-se antes que as sentinelas dissessem alguma coisa para impedir que o parau parasse perto do cruzeiro, ficando completamente imóvel perto da âncora de estibordo do navio.

— Onde está o comandante? — perguntou Yáñez às sentinelas.

Naquele momento, um dos oficiais saiu à coberta. Ao aproximar-se da amurada da popa, viu Yáñez mostrando-lhe a carta.

— Baixem a escada — ordenou.

O audaz português então se voltou para os piratas e disse-lhes em voz baixa:

— Ânimo, rapazes!

Em seguida, olhou para a popa e seus olhos encontraram-se com os de Sandokan, que permanecia oculto sob uma lona da escotilha.

Yáñez não tardou em estar na coberta do vapor.

— Comandante — disse então, fazendo uma cortês reverência — tenho uma carta de lorde James para sua sobrinha lady Mariana.

— E de onde o senhor vem?

— De Labuán.

— E o que lorde Guillonk estava fazendo?

— Armando o seu navio para reunir-se a nós.

— E não mandou nada para mim?

— Nada, comandante.

— Que coisa estranha! Enfim, dê-me a carta que eu mesmo a entregarei a lady Mariana.

— Perdoe-me senhor, mas devo entregá-la pessoalmente — respondeu Yáñez.

— Então, venha comigo.

O português sentiu o sangue gelar.

— Se Mariana fizer um só gesto, estou perdido! — murmurou.

Para consolar-se, olhou para os paraus e viu vários piratas nos postos de vigia, parecendo dispostos a lançarem-se sobre os marinheiros ingleses, que os olhavam com desdém, ao menor sinal de perigo.

Yáñez seguiu o comandante até uma câmara na popa. O oficial bateu na porta.

— Entre — escutaram Mariana dizer.

— É um mensageiro de seu tio — disse o comandante, entrando no aposento.

A linda jovem encontrava-se de pé no meio do camarote, pálida, mas altiva. Quando viu Yáñez, não pôde evitar um ligeiro estremecimento, mas não falou nada. Havia compreendido tudo.

Pegou a carta e a leu com grande calma. Então Yáñez, pálido, disse ao olhar para a escotilha de bombordo:

— Comandante, que vapor é este que está vindo para cá?

E quando o oficial precipitou-se para a escotilha para olhar o que estava acontecendo, Yáñez, com grande agilidade, golpeou-lhe a cabeça com a empunhadura de seu cris. O comandante caiu ao chão sem sentidos.

Mariana não pôde conter um grito de horror. Mas o português, enquanto amarrava e amordaçava o infeliz comandante, lhe disse:

— Silêncio! Podem nos descobrir!

— E Sandokan, onde está? — perguntou ela.

— A ponto de começar a luta para salvá-la! Vamos, ajude-me a fazer uma barricada atrás da porta.

E empurraram um pesado armário até a entrada, empilhando também mesas, caixas e cadeiras.

Yáñez enfiou a cabeça pela escotilha e lançou um agudo assobio. Imediatamente estalaram na coberta vozes terríveis.

— Viva o "Tigre da Malásia"!

Em seguida, ressoaram tiros de fuzil e pistola em meio de gritos indescritíveis, imprecações, gemidos e rumores surdos de corpos em luta.

Escutaram-se então passos precipitados descendo a escada, e algumas vozes, chamando o comandante.

— Traição! Traição! — exclamaram ao ver que este não respondia.

A batalha estava no final. Então Yáñez derrubou a barricada, cortou as amarras do pobre comandante, pegou Mariana e subiu correndo para a coberta com a cimitarra entre os dentes.

O "Tigre da Malásia" atacava ferozmente aos poucos ingleses que ainda resistiam entrincheirados.

Mas ao ver Mariana e o português, correu até eles e pegou a jovem entre seus braços.

— Minha! Minha, enfim! — exclamou.

— Sim, sua, e desta vez para sempre, meu amado!

Mas naquele preciso momento escutou-se um tiro de canhão em pleno mar, que deixou a todos em suspenso.

Sandokan foi o primeiro a reagir.

— É lorde James! — rugiu. — Todos para os paraus!

Em um abrir e fechar de olhos os piratas abandonaram o navio inglês, embarcando nos paraus, levando os companheiros feridos.

Enquanto desfraldavam as velas, à força de remos, os três barcos piratas saíram rapidamente da baía e puseram-se rumo ao alto-mar.

Sandokan levou Mariana para a proa, e com a ponta da cimitarra mostrou-lhe um pequeno navio que navegava na direção da baía que eles acabavam de abandonar.

Um homem distinguia-se na proa, apoiado na amurada.

— Sabe quem é, Mariana? — perguntou Sandokan.

— Sim, é meu tio!

— Pois olhe-o pela última vez!

Yáñez reparou também no homem, e ao reconhecê-lo, pegou uma carabina e apontou para ele, exclamando:

— Raios e trovões! É ele!

Mas Sandokan desviou-lhe a arma.

— Esse homem é sagrado para mim! — disse sombriamente.

Entretanto, o navio avançava rapidamente tentando cortar o caminho dos três paraus. Mas já era demasiado tarde. Com efeito, o forte vento empurrava velozmente os barcos em direção ao leste, afastando-os cada vez mais do navio inglês. Depois de um breve silêncio, escutou-se o grito de lorde James:

— Abram fogo contra estes piratas!

Não tardou a soar o canhão, e a bala derrubou a bandeira dos piratas, que Yáñez acabara de hastear no mastro maior.

Ao ver aquilo, Sandokan levou a mão direita ao coração e o seu rosto ficou ainda mais pálido e triste.

— Adeus, "Tigre da Malásia"! — murmurou.

Subitamente afastou-se de Mariana e inclinou-se sobre o canhão de proa. O navio seguia disparando furiosamente, lançando nuvens de metralha nos paraus.

Sandokan permaneceu imóvel, com o olhar fixo no horizonte. De repente levantou-se e acendeu o canhão. Um estampido soou e um momento mais tarde o mastro principal do navio, atingido em sua base, caía ao mar com grande estrépito.

— Quero ver me seguirem agora! — murmurou o chefe pirata.

O barco inglês deteve sua marcha e virou de bordo, ainda que não deixasse de disparar.

Depois de pegar Mariana e levá-la para a proa, Sandokan a mostrou para lorde James, que gritava como um louco na embarcação imóvel.

— Olhe minha mulher! — gritou. — Até a vista.

Em seguida recuou com os olhos turvos, os lábios apertados e os punhos cerrados.

— Yáñez, rumo a Java! — ordenou.

E lançando um suspiro profundo, abraçou Mariana.

E aquele homem que jamais havia chorado, prorrompeu então em convulsivos e entrecortados soluços, dizendo roucamente:

— O "Tigre da Malásia" está morto!

A presente edição de A MULHER DO PIRATA de Emilio Salgari é o Volume de número 2 da Coleção Emilio Salgari. Impresso na Del Rey Indústria Gráfica, Rua Geraldo Antônio de Oliveira, 88 - Contagem, para a Editora Villa Rica, à Rua São Geraldo, 67 - Belo Horizonte - MG. No catálogo geral leva o número 02834/4B. ISBN: 978-85-7344-529-7.